現代の名演奏家50

クラシック音楽の天才・奇才・異才

中川右介

GS
幻冬舎新書
450

はじめに

この本は、ひとことで言えば、名演奏家たちのエピソードを集めた、二十世紀クラシック音楽界人物交遊録集とでもなろう。

登場するのはカラヤン以下、音楽界の頂点で活躍した(現在も活躍中の人も多い)音楽家たちだ。書名の「現代」は、一般的な意味の「いま」＝「現在」ではなく、クラシック音楽における現代、つまり「二十世紀後半から現在まで」を指す。音楽家たちそれぞれの生涯の概略を記した人物事典ではなく、それぞれの人生のある瞬間、ある期間を、他の音楽家との交流に焦点を当てて描いた。

トップクラスの音楽家同士の交流は深い。同業者として共通の悩みを持つ彼らは、互いに助け合う。もちろん、競い合うこともある。友情もあれば恋愛もある。深い師弟関係もある。この本では、そうした音楽家同士の「出会い」が描かれる。

書名に「名演奏家50」などと銘打つと、どのような基準・方針で「50」を選んだのかと、気になる方も多いだろう。その事情はあとがきに記すので、気になる方はそちらからお読みいただきたい。最低限のことだけを記すと、この本はクラシックのCD付きマガジンに連載したもので、そのCDに収録された曲の演奏家について、毎回一人ずつ選んで書いた。CDがユニバーサルの音源でステレオ録音のものに限られていたので、そのなかから選ばれている。

書名にある「50」は「五十人」というよりも、「五十話」を意味している。五十のエピソードが収められており、一話ごとに主人公だけでなく、その師や弟子や友人や恋人やライバルといった相手役や脇役が出てくるので、全体では約百七十人の演奏家が登場する。

収録された順は、事件の年代順でも主人公の生年順でも姓のアルファベット順でもない。法則性はなく、一話ずつ独立しており、目次と巻末の人名索引をご覧いただき、興味のある人から読んでいただいてかまわない。とはいえ、書き手の立場としては、ページの順に読んでいただければ、ありがたい。つながりや流れがないようでいて、あるのだ。あるエピソードで主人公だった音楽家が、別のエピソードでは脇役として登場することもある。

音楽界にはさまざまな交差点がある。ひとびとの出会いの重なりである無数の交差点（ドット）が、音楽界という大きな画（イメージ）を形成しているのだ。

ひとつひとつのエピソードは、ジグソーパズルのピースのようなもので、全体を俯瞰していただければ、「二十世紀後半の音楽界」という画になることを目指した。

掲載したＣＤは私の手もとにあったものから選んだ。吟味した上で推薦盤として選んだわけではないが、私が所有し聴いているものであることは確かだ。文中で紹介した演奏のＣＤがある場合は、なるべくそれを載せた。

クラシック音楽のＣＤ、とくに日本国内盤は、廃盤・再発売を繰り返し、そのたびに規格番号が変わる。掲載した番号は私が所有しているものの番号なので、現在は廃盤のものもあるかもしれない。最新の番号を調べて載せたとしても、数カ月後には変更になっているかもしれないため、そのままにした。ご容赦いただきたい。

現代の名演奏家50／目次

Episode 1

「可哀想に、才能がある」

カルロス・クライバー
Carlos Kleiber 1930–2004

指揮者

カルロス・クライバー指揮、ウィーン・フィルハーモニー
ベートーヴェン：交響曲第５番、第７番
Deutsche Grammophon / UCCG-9701

父子で指揮者という例は、ヤンソンス（父アルヴィドと子マリス）や、ヤルヴィ（父ネーメと子パーヴォとクリスチャン）など、多くはないが皆無でもない。だが、父子とも大指揮者となると、エーリヒとカルロスのクライバー父子しかいない。

エーリヒ・クライバーは一八九〇年にウィーンで生まれた。エーリヒのウィーンでの少年時代は、グスタフ・マーラーが宮廷歌劇場（現・国立歌劇場）総監督として活躍していた時期（一八九七～一九〇七）と重なる。エーリヒが指揮者になろうと決意したのは、マーラーが指揮する、自作の交響曲第六番の初演を聴いて感銘を受けたからだというから、これは一九〇七年一月四日のことだろう。エーリヒは当時、十六歳だった。少年の夢は実現し、エーリヒはダルムシュタット、ウッパータール、デュッセルドルフ、マンハイム等の劇場で指揮者として働いた後、一九二三年にベルリンの州立歌劇場の指揮者になり、一時代を築いた。古典となっている名作の上演と並行して、ベルク、ヤナーチェク、ミヨー、リヒャルト・シュトラウスなど「現代の作品」も上演していった。

一九三三年にヒトラー政権が誕生した後も、エーリヒ・クライバーはベルリンで指揮を続けていた。この時期の彼については「実はナチス党員だった」という説から、「ユダヤ人だ」という説まであった。真相はナチス党員でもユダヤ人でもないのだが、それくらい、人々は誰が敵なのか疑心暗鬼になっていたのだろう。

一九三四年になると、フルトヴェングラーがナチス政権と対立し、ベルリンでの公職を辞任した。それに続いてクライバーも州立歌劇場を辞任すると宣言した。フルトヴェングラーは復帰するが、クライバーの決心は固く、契約が終わる一九三五年一月になるとベルリンを去った。彼は国家権力が歌劇場のプログラムに介入したことを嫌ったのだ。

ベルリンからはクライバーだけでなく、ブルーノ・ワルター、オットー・クレンペラー、レオ・ブレッヒなど次々と名指揮者が出て行き、人材不足に陥った。そこへ彗星のごとくベルリンに登場したのがヘルベルト・フォン・カラヤンだった。三十歳になったばかりの若きカラヤンは一九三八年四月にベルリンのフィルハーモニーに、九月に州立歌劇場にデビューした。クライバーが去って、カラヤンがやって来たのだ。

エーリヒ・クライバーはウィーンが故郷である。しかしこの故郷はエーリヒに冷淡で、ついに彼はウィーン国立歌劇場の総監督にはなれなかった。戦後の一九五五年に歌劇場が再建されるにあたっては、彼が有力候補と目されていたが、権謀術数を駆使したカール・ベームがその座に就いた。再開場から三カ月後の一九五六年一月二十七日、まさにモーツァルト生誕二百年の日、エーリヒ・クライバーは心臓発作で急死した。六十五歳だった。

その二カ月後、ベームはウィーン音楽界の政争に巻き込まれ、歌劇場総監督辞任に追い込まれた。クライバーはもうこの世にはいなかったので、カラヤンが後任となった。

カルロス・クライバーが歌劇場の練習指揮者として修業を始めたのは一九五三年、二十三歳になる年だ。父が命じたのでも歌劇場に頼み込んだのでもない。むしろ、父は息子が音楽家、それも指揮者になることには反対していた。割のいい仕事とは思えず、親として勧められなかったのだ。それでも息子は指揮者になりたいと言って修業し、一九五四年、二十四歳になる年にデビューした。

デビュー公演でカルロス・クライバーは「カール・ケラー」という偽名で出演した。父に内緒でデビューしたわけではなかったが、「大指揮者の息子」としてデビューするのを避けたのだ。デビュー当日、父は「幸運を祈る、ケラー殿」と電報を打ち、息子を励ました。オーケストラや観客そして批評家たちは、この新人指揮者が大指揮者クライバーの息子だとは知らずに喝采した。カルロスは自分の実力だけで成功したのだ。

デビュー二年後の一九五六年に父エーリヒが急逝した。いまの日本ならば「父を失った悲劇の青年」として売り出すだろうが、カルロスの周囲の人々はそんなことはせず、彼をデュッセルドルフの歌劇場の練習指揮者として修業させた。そしていつの間にか有名になっていたのだ。

有名になるとクライバーはめったに出演しなくなった。カルロス・クライバーの才能を認めていたカラヤンは、「あいつは冷蔵庫がカラになるまで仕事をしない」と冗談半分に苦言を呈していた。日本のクライバー・ファンの間では、「クライバーの家に空き巣に入り、冷蔵庫をカラにしてこい」という冗談がよく交わされた。

一九八九年にカラヤンがベルリン・フィルハーモニーの首席指揮者を辞任すると、その後任にオーケストラが望んだのは、カルロス・クライバーだった。今度は、「カラヤンが去って、クライバーが現れる」かもしれなかった。しかしクライバーはベルリンからの打診をやんわりと断った。そればかりか、以後、ステージにも人前にもめったに現れなくなった。カルロス・クライバーは生きながら「伝説」になったのである。

父エーリヒは、息子カルロスに音楽の才能があると知った時、こう言った。

「可哀想に、あいつには音楽の才能がある」

その人生が「可哀想」だったのかどうかは、誰にも判断できない。

エーリヒ・クライバー指揮、ウィーン・フィルハーモニー
ベートーヴェン：交響曲第9番
DECCA / UCCD-9060
458 036-2

＊カルロス・クライバー
名指揮者エーリヒ・クライバーの子として一九三〇年にベルリンで生まれる。二十歳頃から指揮者を目指し、五四年にポツダムでデビュー。歌劇場の指揮者として、デュッセルドルフ、チューリッヒ、シュトゥットガルト、ミュンヘン、ウィーン等で活躍したが、音楽監督のポストには就かなかった。八〇年代後半から出演機会が減っていき、伝説の指揮者となった。

＊参考文献
『カルロス・クライバー　ある天才指揮者の伝記』上下、アレクサンダー・ヴェルナー著、喜多尾道冬・広瀬大介訳、音楽之友社
『エーリヒ・クライバー　信念の指揮者　その生涯』ジョン・ラッセル著、クラシックジャーナル編集部・北村みちよ・加藤晶訳、アルファベータ

Episode 2

異端にして正統

フリードリヒ・グルダ
Friedrich Gulda 1930–2000

ピアニスト

グルダ（ピアノ）
「グルダ・プレイズ・モーツァルト&ジャズ」
SONY / SRCR 8276～7

モーツァルトの誕生日である一月二十七日に亡くなった著名音楽家が、少なくとも二人いる。生誕二百年の年だった一九五六年に亡くなった指揮者エーリヒ・クライバーと、二〇〇〇年という区切りの年に亡くなったピアニストのフリードリヒ・グルダだ。二人はウィーン生まれという共通点も持つ。

グルダは一九三〇年に生まれた。ヒトラー政権が始まるのが一九三三年なので、幼少期はナチス時代と見事に重なり、ドイツ敗戦の翌年である一九四六年に十六歳でジュネーヴのコンクールで一位となって華々しくデビューし、二十世紀最後の年である二〇〇〇年に亡くなった。人生の区切りと歴史とがぴったりと連動している珍しい人だ。

一九五四年十一月にフルトヴェングラーが亡くなった時、グルダはちょうどベルリンでベートーヴェンのピアノソナタの全曲演奏会をしており、三十、三十一、三十二番を弾く日に、フルトヴェングラーの訃報が伝えられた。グルダはステージに出ると客席に伝えた。

「みなさん、非常に悲しい出来事についてお知らせします。指導的なドイツの音楽家のひとり、ヴィルヘルム・フルトヴェングラーが亡くなりました」

すると客席にいた聴衆は、自然と全員が立ち上がった――と、彼は回想している。

フルトヴェングラーの死から一年二カ月後、五六年一月二十七日のモーツァルト生誕二百年の日にエーリヒ・クライバーは亡くなるが、その翌日、カラヤンはモーツァルトとカラヤン自身の生地であるザルツブルクでロンドンのフィルハーモニア管弦楽団を指揮した。この客演時にカラヤンはザルツブルク音楽祭当局と交渉を進め、三月に音楽祭総監督に就任した。カラヤン帝政の始まりである。グルダはカラヤン帝政時代にピアニストとして生きていくが、二人の接点はほとんどない。

グルダは「異端」と呼ばれた。ジャズを弾き、クラシックのコンサートでも燕尾服を着ないなど、クラシックの「お作法」を打ち破ったからだ。同世代に、名前も似ている異端のピアニストがもうひとりいる。カナダのグレン・グールド（一九三二〜八二）だ。グールドがグルダをどう思っていたかは確認できないが、グルダのほうはグールドについて語っている。自分たち二人についてアメリカの評論家が「最良の二人は、いずれも最も偏屈で最もアテにならない」と書いたと紹介し、たしかに「普通の音楽活動に対する懐疑」の点で自分たちには共通点があると述べているのだ。

グールドは聴衆の前での演奏を拒否するという点で異端の音楽家だったが、そのレパートリーは、偏りがあるにしてもクラシックの範疇（はんちゅう）に留まっていた。グルダはジャズやフリーミュージックへと領域を広げ、さらにウィーン音楽院からのベートーヴェン・メダルをいったん受け取りながらも返却するといった行動が異端とされた。「異端」のあり方が違うのだ。

コンサートから引退する前の一九五七年春にグールドはソ連とヨーロッパへ演奏旅行をした。ウィーンでの演奏会の客席には、当時のウィーンで活躍していた同世代のピアニスト、アルフレッド・ブレンデルとイェルク・デームス、パウル・バドゥラ＝スコダたちもいた。グールドはバドゥラ＝スコダの家に招待され、同席したブレンデルとピアノを弾き合った。ブレンデルたちとグルダは親しかったので、日程が合えば彼も参加していたかもしれないが、残念ながらその時グルダはウィーンにいなかった。その後、グールドは飛行機での旅行を拒むようになり、一九五九年を最後に北米大陸から出なかったので、グルダとグールドは生涯に一度も会うことはなかった。

「異端」のグルダだが、正統中の正統であるモーツァルトやベートーヴェンの協奏曲を、正統の極みであるウィーン・フィルハーモニーと共演している。グルダ自身は共演して満足できた指揮者としてカール・ベームとジョージ・セルの二人を挙げ、気に入っている録音としては、アバド指揮ウィーン・フィルハーモニーと、アーノンクール指揮コンセルトヘボウとのモーツァルトの協奏曲だと言っているので、けっしていやいややった仕事ではない。

このように正統の仕事もしていたが、グルダはカラヤンと共演する機会はなかった。帝王と異端の共演も聴いてみたかったが、個性のありすぎる二人の共演というリスクの大きな仕事をやろうとする興行師はいなかったのだろう。

一九八九年七月にカラヤンが亡くなった時、グルダはミュンヘンにいた。グルダによると、ザルツブルク音楽祭の関係者は上辺だけ悲しみ、実際はみな帝王の死を喜んでいたというが、グルダ自身はカラヤンの死を重く受け止めたという。

その日の演奏会では、かつてフルトヴェングラーが亡くなった時にしたのと同じように、演奏前にカラヤンの死を伝え、葬送の曲を弾いた。音楽界の中心にして頂点にいた帝王と異端のピアニストとは、会わなかったがために関係はよくもなければ悪くもなく、グルダはカラヤンの死を素直に悼むことができたのだろう。

しかし、この時の聴衆はすぐには起立せず、ためらいがちだったという。フルトヴェングラーとカラヤンの差なのか、それとも三十五年間という歳月の差だったのだろうか。

＊フリードリヒ・グルダ
一九三〇年にウィーンに生まれた。ウィーン音楽院で学び、十六歳の年にジュネーヴ国際音楽コンクールで優勝。青年時代は、イェルク・デームス、パウル・バドゥラ=スコダとともに「ウィーン三羽鴉」と呼ばれた。バッハから現代音楽、さらにはジャズまで幅広いレパートリーを持つ。

＊参考文献
『グルダの真実　クルト・ホーフマンとの対話』フリードリヒ・グルダ著、田辺秀樹訳、洋泉社
『音楽への言葉』フリードリヒ・グルダ著、前田和子訳、音楽之友社

Episode
3

亡命指揮者たち

指揮者
ラファエル・クーベリック
Rafael Kubelik 1914–1996

指揮者
イシュトヴァン・ケルテス
Istvan Kertesz 1929–1973

クーベリック指揮、チェコ・フィルハーモニー
スメタナ：《我が祖国》
Altus / ALT098
（1991年11月2日、東京での生涯最後の演奏）

ケルテス指揮、ウィーン・フィルハーモニー
ブラームス：交響曲第３番、第４番
キングレコード / KICC 8111

ナチス政権は一九三三年に始まり一九四五年に終わるが、この間に多くの人材がドイツから流出した。「アメリカの音楽・映画に最も貢献したのはヒトラーだ」というブラックジョークがあるくらいだ。ナチス政権崩壊後、今度はソ連が、アメリカをはじめとする西側諸国に藝術家を提供することになる。

一九四八年、チェコスロヴァキアは共産党が政権を握り、人々はようやくドイツから解放されたかと思ったのに、今度はソ連の支配下に置かれることになった。

ラファエル・クーベリックはイギリスでの音楽祭に出演することになっていたので、共産党政権下で生きることを嫌った彼は、イギリスへ行くとそのまま亡命した。父ヤン・クーベリックが世界的ヴァイオリニストだったので財産があり、ラファエル自身も指揮者として名声を得ていたので、彼は亡命しても生活には困らなかった。

翌一九四九年、ハンガリーも共産党政権となった。この時、イシュトヴァン・ケルテスはまだ二十歳だった。前年にリスト音楽院に入学したばかりで、プロの音楽家としての実績はない。彼は社会主義国となったハンガリーで音楽を学び、一九五五年にはブダペスト国立歌劇場の指揮者となった。そのまま社会主義政権下の音楽家として生きるのかと思われた。しかし、翌五六年十月、ハンガリーで政権に対し国民が蜂起すると、ソ連軍が軍事力で介入した「ハンガリー動乱」が勃発した。これを間近で見て、この国に自由はないと察知したケルテスは、ピアニストのジョルジュ・シフラとともに亡命した。

彼らだけではない。一九八九年の東欧革命までの半世紀間に、多くの藝術家がソ連・東欧から自由を求めて出て行った。戦前・戦中のヒトラーの役割を、戦後はスターリンが担ったのだ。

亡命後、クーベリックは西側各国で世界的指揮者として活躍した。一九五〇年から五三年にはシカゴ交響楽団を指揮していたが、これはフルトヴェングラーがやるはずの仕事だった。しかしアメリカのユダヤ系音楽家たちが、フルトヴェングラーはナチス政権と深い関係があったと抗議したため、クーベリックが代役のようなかたちでシカゴに来たのだった。

名ヴァイオリニストの子だったクーベリックが指揮者を志したのは、十四歳の年にフルトヴェングラーを聴いたからだという。直接師事したわけではないが、クーベリックはフルトヴェングラーを敬愛していた。そのためか、シカゴに着任したクーベリックはあまり歓迎されず、彼自身も嫌われていると感じ、三年で辞めてしまった。クーベリックはナチスとは何の関係もなかったが、そう見る人もいたのだ。

クーベリックの録音での偉業として、九つのオーケストラを振り分けたベートーヴェンの交響曲全曲録音があるが、アメリカのオーケストラで起用されたのは、シカゴではなくボストン交響楽団だった。間接的にではあるが、ナチスの暗い影は戦後もさまざまな影響を与えている。

ケルテスは亡命後、ローマで研鑽(けんさん)を積んだ後、一九五八年からドイツのアウグスブルクの歌劇場で指揮者となり、六〇年には音楽総監督になった。六一年には、カラヤンが総監督を務めるザルツブルク音楽祭にデビューし、翌六二年には同音楽祭でベルリン・フィルハーモニーを指揮した。いまでは毎年出演しているが、ベルリン・フィルハーモニーがザルツブルク音楽祭に出演したのはこの時が三度目で、数少ない機会のひとつをカラヤンは若いケルテスに任せたのだ。その後のケルテスは、ケルン市立歌劇場やロンドン交響楽団を指揮し、レコードではウィーン・フィルハーモニーを指揮したドヴォルザークの《新世界より》で絶賛されるなど、カラヤンの次世代の指揮者として期待されていた。

しかし、ケルテスは一九七三年に四十三歳で突然、死んだ。イスラエルのテルアヴィヴの海岸で水死したのだ。この時、一緒にいて助かったのがバス歌手の岡村喬生だ。

ケルテスは、ハンガリーに自由が到来する日を見ることができなかった。

世界中のオーケストラに客演していたクーベリックには、故国のチェコ・フィルハーモニーからも客演してくれとの要請が何度もあったが、彼は「チェコの人々が自由に外国へ行けるようになり、すべての政治犯が釈放されるまで帰らない」と公言し、共産党政権下のチェコで指揮することはなかった。八六年には健康上の理由で指揮活動を引退してしまい、彼が再びチェコで指揮することはないと思われた。

しかし、一九八九年、東欧諸国が次々と民主化され、チェコスロヴァキアの共産党政権も倒れた。その翌年、民主化されたチェコでの「プラハの春」音楽祭に出演するため、クーベリックは四十二年ぶりに帰国した。これがきっかけで、クーベリックは以後もチェコ・フィルハーモニーを指揮した。九一年十月の《新世界より》のリハーサルでは、「この音なんだ、この音は世界中のどのオーケストラでも出せなかった」と幸福そうに語っているのが録画されている。その後、このオーケストラと日本へ来て、東京での十一月二日が生涯最後のステージとなった。

クーベリックがスイスのルツェルンで亡くなったのは一九九六年、奇しくもチェコ・フィルハーモニー創立百年の年だった。

＊ラファエル・クーベリック
チェコのビホリーに世界的ヴァイオリニストだったヤン・クーベリックの子として一九一四年に生まれた。プラハ音楽院でヴァイオリン、作曲、指揮を学んだが、指揮者を選び、三六年にチェコ・フィルハーモニーの常任指揮者に。戦後、プラハの春音楽祭の開催に尽力するも、共産党政権になるとチェコスロヴァキアから亡命。シカゴ交響楽団、ロンドンのロイヤル・オペラ、バイエルン放送交響楽団の音楽監督等を務める。八六年に引退したが、チェコの民主化後、九〇年に復帰し九六年に亡くなった。

ケルテス指揮、ベルリン・フィルハーモニー他
ベートーヴェン：交響曲第８番、他
ORFEO / 881132
（1962年8月11日、ザルツブルク音楽祭のライヴ）

＊イシュトヴァン・ケルテス

ハンガリーのブダペストで一九二九年に生まれた。同地のリスト音楽院で学び、五五年にブダペスト国立歌劇場の指揮者となる。五六年のハンガリー動乱の時に亡命。多くのオーケストラに客演し、ロンドン交響楽団の首席指揮者を務めた。七三年からバンベルク交響楽団首席指揮者就任が決まっていたが、同年、海岸で波にさらわれて溺死した。

＊参考文献

『ヒゲのオタマジャクシ世界を泳ぐ』岡村喬生著、新潮社
DVD「ラファエル・クーベリック ポートレート『ミュージック・イズ・マイ・カントリー』」Arthaus Musik

Episode 4

「静寂の音楽」の師

アルトゥーロ・ベネディッティ・ミケランジェリ
Arturo Benedetti Michelangeli 1920–1995

ピアニスト

ミケランジェリ（ピアノ）
ショパン：10のマズルカ、前奏曲第25番、他
Deutsche Grammophon / POCG-1228 413 449-2

音楽教師の業績が何人の名演奏家を育てたかによって決まるとしたら、「二十世紀後半最高のピアノ教師」という栄冠は、アルトゥーロ・ベネディッティ・ミケランジェリに授けられるべきだろう。なにしろ、マウリツィオ・ポリーニとマルタ・アルゲリッチという二人の現代最高のピアニストの師なのだ。

といっても、ミケランジェリはこの二人が無名の頃からその才能を見出して育てたわけではない。二人がミケランジェリに師事したのは一九六一年のことだ。ポリーニはその前年にショパン・コンクールで優勝しており、アルゲリッチも五七年にブゾーニ・コンクールとジュネーヴ・コンクールで一位となっていた（二位がポリーニ）。一躍有名になった二人は、普通ならば、殺人的な日程で世界中を旅しながら演奏しているはずだ。

だが、ポリーニはコンサート活動を休止し、ミケランジェリのもとへ行った。アルゲリッチは人気ピアニストとして世界各地で演奏する多忙な日々を送っていたが、思うところあって、六〇年九月に以後の予定をすべてキャンセルし、六一年になってミケランジェリのもとへ行った。

ミケランジェリは、「生涯に出た演奏会よりも、キャンセルした演奏会のほうが多い」と言われるほど、「キャンセル魔」としての逸話が有名だ。彼は完璧主義者だったので、ピアノやホールが自分の考えている響きではないと判断すると、その瞬間にキャンセルを決断した。彼は「聴衆のために弾くのではない」と公言しており、演奏会だけでなく、レコードの数も少ない。しかし、それゆえに、人々は彼の演奏を聴きたがった。

そんなピアニストは、慕ってきた若いピアニストたちに何を教えたのだろう。

アルゲリッチはミケランジェリのもとに一年半ほどいたが、レッスンを受けたのは四回だけだったという。これについてミケランジェリは、アルゲリッチに教えたかったのは「静寂の音楽」だったと語っている。二人はミケランジェリから、具体的なテクニックでも、いくつかの作品の解釈でもなく、「演奏しないこと」を学んだのである。

この点においては、ポリーニよりもアルゲリッチのほうが師の教えを守っているようで、アルゲリッチもまた「キャンセル魔」となる。

アルゲリッチはこれ以上師事しても意味がないと判断してミケランジェリのもとを去り、六三年になるとアメリカへ渡った。彼女が憧れていたホロヴィッツに師事しようと考えたのだ。当時のホロヴィッツは一九五三年を最後に公の場での演奏をしなくなっていた時期にあたる（復帰は六五年）。しかしホロヴィッツは彼女の弟子入りを断った。その後、いろいろありアルゲリッチは六五年のショパン・コンクールで優勝する。

かくして六〇年のポリーニに続き「ミケランジェリの弟子」が二回連続してショパン・コンクールで優勝したわけだが、ひとりはミケランジェリのもとへ行く前に優勝し、ひとりは決別した後に優勝したわけで、二人とも彼の指導のおかげで栄冠を得たわけではない。

ミケランジェリとショパン・コンクールの関係では、こんな事件がある。一九五五年はアダム・ハラシェヴィチが優勝したのだが、審査員だったミケランジェリはウラディミール・アシュケナージを強く推し、その意見が通らないと分かると、コンクールの途中で帰ってしまった。

歴史は繰り返し、一九八〇年のショパン・コンクールでは審査員だったアルゲリッチが、イーヴォ・ポゴレリチの演奏を、他の審査員が「奇抜すぎる」と認めず第三次予選で落としたことに抗議して辞任し、「彼は天才よ」と言い残してワルシャワを去った。この「事件」のおかげで、優勝したダン・タイ・ソンよりもポゴレリチのほうがスターになってしまった。

そのポゴレリチはキャンセル魔にはならなかったが、長く演奏会をしない時期があった。これもひとつの「静寂の音楽」だ。

ミケランジェリ、アルゲリッチ、ポゴレリチの三人は、演奏はまるで異なるが、「静寂の音楽」という系譜の上にいるようだ。


ミケランジェリは演奏会に出る回数も少なかったが、それ以外でも公の場にはめったに出ず、私生活もベールに包まれていた。その秘められた私生活のなかで比較的知られていたのが、「スピード」好きだったことだ。猛スピードで自動車を運転するのを好み、レースに出たこともある。他に、登山、スキー、そして飛行機も趣味だったという。こうしたスピード好きの音楽家として有名なのが、ヘルベルト・フォン・カラヤンだ。ミケランジェリと異なりカラヤンはめったにキャンセルしなかったし、膨大なレコードを遺したが、趣味は同じだったのだ。もっとも、ミケランジェリはカラヤンを「嫌いだ」と言っていた。

カラヤンとミケランジェリは、生涯に二回、共演している。最初は第二次世界大戦中の一九四〇年十二月八日と九日にベルリンのシュターツカペレの演奏会でグリーグの協奏曲を、二回目は一九六五年十一月五日と六日にベルリン・フィルハーモニーの演奏会でシューマンの協奏曲を共演した。ミケランジェリによると、戦中の演奏会は放送されたので録音があるはずで、ベルリン陥落時にソ連軍が放送局から持って行ったのではないかという。発見されたら、話題になるのは間違いない。

ポゴレリチ(ピアノ)
ショパン：ピアノ・ソナタ第2番、他
Deutsche Grammophon / UCCG-4431

＊アルトゥーロ・ベネディッティ・ミケランジェリ
イタリアのブレシアで一九二〇年に生まれた。三歳から音楽教育を受け、最初はヴァイオリンを習っていたがピアノへ転向した。十歳でミラノ音楽院に入学、三八年に国際イザイ音楽祭に参加し、七位。三九年のジュネーヴ国際音楽コンクールで優勝し注目される。戦後の五〇年代に一時期、引きこもっていたが、五五年に復帰した。完璧主義者で、キャンセルが多く、演奏回数も録音も少ない。九五年に亡くなった。

＊参考文献
『ミケランジェリ　ある天才との綱渡り』コード・ガーベン著、蔵原順子訳、アルファベータ
『マルタ・アルゲリッチ　子供と魔法』オリヴィエ・ベラミー著、藤本優子訳、音楽之友社

Episode
5

巨匠が認めた若者たち

イ・ムジチ
I Musici 1952–

室内合奏団

イ・ムジチ合奏団、マリアーナ・シルブ
ヴィヴァルディ：《四季》
DECCA / UCCD-50015

室内合奏団イ・ムジチの公式サイトには、「彼らは一九五二年三月三十日にサンタ・チェチーリア音楽院でデビュー・コンサートを行った」とあって、こう続く。

「アルトゥーロ・トスカニーニが彼らの演奏を耳にしたのは、幸運な偶然であった。深く感銘を受けた彼は言った。『十二人の若者の演奏を聞いた。彼らは素晴らしかった。本当に素晴らしかった。音楽はまだ死んでいなかった。』」

しかし、トスカニーニはその最初の演奏会を聴いたわけではない。トスカニーニの一九五二年の記録を見ると、三月二十二日がニューヨークのNBC交響楽団のシーズン最後の演奏会で、三月三十一日と四月一日に同楽団とベートーヴェンの「第九」をレコーディングしている。当時の交通事情とトスカニーニの年齢から、三月三十日にローマで演奏を聴いて、翌日ニューヨークでレコーディングをすることは不可能だろう。さらに調べてみると、トスカニーニがイタリアへ帰ったのは五月初めで、次のニューヨークでの演奏会は七月二十六日なので、五月から七月上旬までの間の何らかの機会に、イタリアでイ・ムジチを聴いたのだろう。

だが、トスカニーニの最も詳しい評伝とされる、ハーヴェイ・サックスの『トスカニーニ』（邦訳なし）には、イ・ムジチのことは一行も書かれていない。そのかわり、「五月の終わりに、ヴァイオリニストのミケランジェロ・アバドが率いる室内オーケストラを聴いた」とある。これがイ・ムジチのことなのだろうか。この演奏会ではバッハの協奏曲も演奏され、アバドの当時十九歳の息子がピアノを弾いた。トスカニーニはそのピアノ演奏を「手袋のようにフィットしている」と言った。この青年こそが、ピアニストではなく指揮者になったクラウディオ・アバドである。

さらに、日本公演の招聘元であるKAJIMOTOのＨＰでイ・ムジチのプロフィールを見ると、「四月、ラジオ放送用にリハーサルしているイ・ムジチを聴いたトスカニーニが、ジャーナリストの前で彼らについて熱っぽく語り、自らの写真に『素晴らしい！絶品だ！まだ音楽は死んでいなかった！』という言葉を寄せて彼らに贈った。」

とある。サックスの評伝では、トスカニーニがイタリアへ帰るのは五月初旬となっており、辻褄(つじつま)が合わないが、許容範囲の誤差ではある。トスカニーニがイ・ムジチを聴いて、褒めたのは間違いないだろう。

一九五二年のトスカニーニは八十五歳だった。引退の二年前、亡くなる五年前だ。巨匠のなかの巨匠である。彼の何気ない言葉でも、「巨匠が絶賛した」というお墨付きになる。誰もがトスカニーニからの評価を求め、それを得ると「称号」として利用した。一八二三年に当時十一歳のフランツ・リストがウィーンで初めて演奏した時、すでに難聴だったベートーヴェンに絶賛されたのが「伝説」となったのに似ている。

ロンドンの新しいオーケストラ、フィルハーモニア管弦楽団もトスカニーニからの称賛を求めていた。ＥＭＩのプロデューサーだったウォルター・レッグが創設し、当時はカラヤンが実質的な首席指揮者だった楽団だ。

イ・ムジチが結成された二か月後の五二年五月、フィルハーモニアとカラヤンはちょうどトスカニーニが戻っていた時期に演奏旅行でイタリアを訪れた。トスカニーニは演奏会には来なかったが、ラジオで中継されたのを聴くと、「ロンドンで指揮しよう」と言ってくれた。彼は約束を守り、九月にロンドンでフィルハーモニアの演奏会を指揮した。かくしてこの若い楽団は「トスカニーニが指揮したオーケストラ」という称号を得た。

イ・ムジチは指揮者のいない楽団だ。つまり、楽団の象徴となる名前を持たない。最初のリーダーであるフェリックス・アーヨはいまでこそ知られているが、五二年当時は十九歳の無名の青年である。彼らにとって、「トスカニーニが絶賛」という「お墨付き」はフィルハーモニア以上に宣伝効果が大きかったと言える。この称号がなかったらこの楽団は有名になれず、活動も続かなかったかもしれない。

結成から四年目になる一九五五年、イ・ムジチは初代リーダーのフェリックス・アーヨのもと、ヴィヴァルディの《四季》を初めて録音した。当時はレコードを作るのは限られた名演奏家にしかできなかったので、大抜擢と言っていい。好評だったので五九年にはステレオで再録音した。アーヨが六八年に退団すると、創立時のメンバーのひとり、ロベルト・ミケルッチが二代目のリーダーとなり、六九年に三枚目の《四季》が録音された。

四枚目の《四季》は一九八二年に、三人目のリーダー、ピーナ・カルミレッリのもとで録音された。カルミレッリはサンタ・チェチーリア音楽院で学ぶ前に、ミラノの音楽院でミケランジェロ・アバドに師事していた。弦楽四重奏団を結成していた時期もあるし、ソリストとしても活躍した後、七三年からイ・ムジチのリーダーとなった。したがって、トスカニーニに褒められた時のメンバーではない。

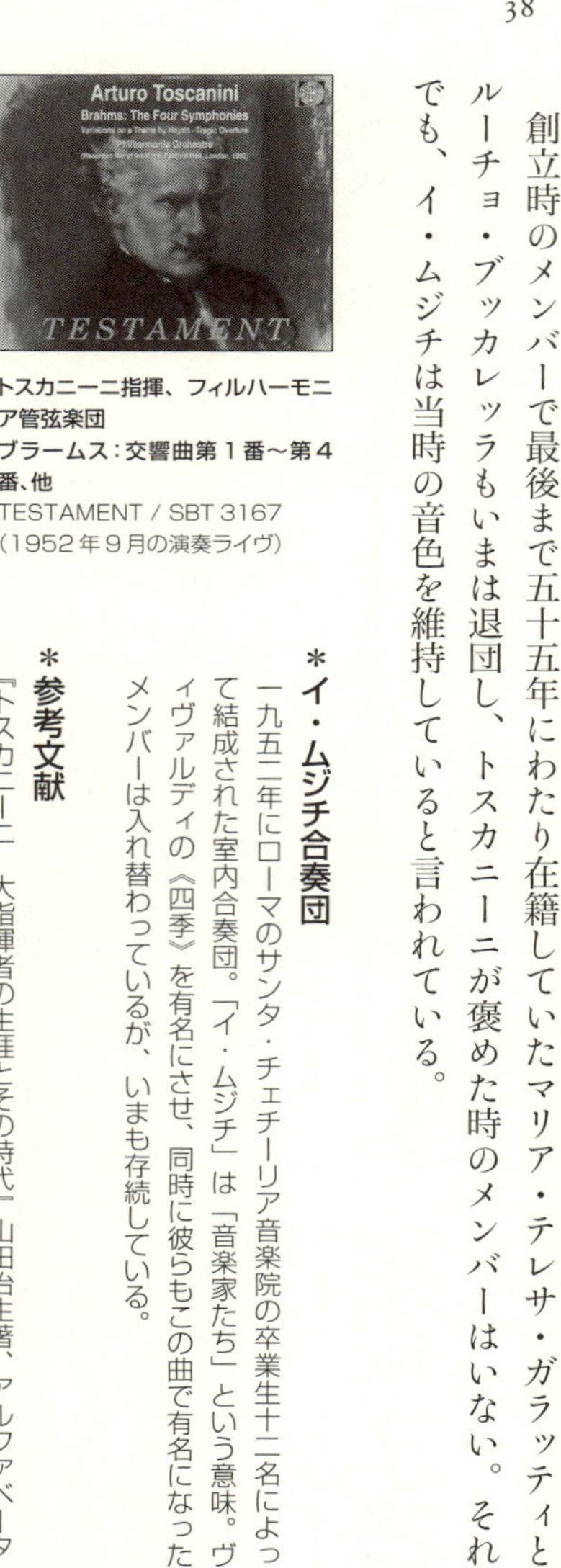

創立時のメンバーで最後まで五十五年にわたり在籍していたマリア・テレサ・ガラッティとルーチョ・ブッカレッラもいまは退団し、トスカニーニが褒めた時のメンバーはいない。それでも、イ・ムジチは当時の音色を維持していると言われている。

トスカニーニ指揮、フィルハーモニア管弦楽団
ブラームス：交響曲第１番～第４番、他
TESTAMENT / SBT 3167
（1952年９月の演奏ライヴ）

＊イ・ムジチ合奏団
一九五二年にローマのサンタ・チェチーリア音楽院の卒業生十二名によって結成された室内合奏団。「イ・ムジチ」は「音楽家たち」という意味。ヴィヴァルディの《四季》を有名にさせ、同時に彼らもこの曲で有名になった。メンバーは入れ替わっているが、いまも存続している。

＊参考文献
『トスカニーニ　大指揮者の生涯とその時代』山田治生著、アルファベータ
『Toscanini』Harvey Sachs著、Harper & Row
イ・ムジチの公式サイト　http://www.imusici.info/
KAJIMOTOの公式サイト　http://www.kajimotomusic.com/jp/artists/k=168/

Episode 6

ザルツブルクに生まれ、ザルツブルクに死す

ヘルベルト・フォン・カラヤン

Herbert von Karajan 1908–1989

指揮者

オーストリアのザルツブルクは人口十五万人ほどの小さな都市だが、音楽史においては二人の偉大な音楽家を生んでいる。一七五六年生まれのヴォルフガング・アマデウス・モーツァルトと、一九〇八年生まれのヘルベルト・フォン・カラヤンである。

モーツァルトはザルツブルク大司教の宮廷楽団の作曲家兼ヴァイオリニストを父として生まれた。幼い頃は神童としてヨーロッパ中を巡業したが、少年時代からは故郷の宮廷楽団の一楽団員として働くしか選択肢はなかった。しかしモーツァルトはウィーンという大都会を知ってしまい、田舎町にすぎないザルツブルクから逃れたくなる。だが当時の音楽家は地位が低く、

カラヤン指揮、ベルリン・フィルハーモニー
モーツァルト：アイネ・クライネ・ナハトムジーク
Deutsche Grammophon / 2532 031

宮廷楽団を自分から辞める権利すら持っていない。そこでモーツァルトは大司教に反抗的な態度を取って、わざと解雇された。二十五歳の年だ。

めでたく解雇され自由の身になったモーツァルトはウィーンで活躍するが、一七九一年に三十五歳の若さで亡くなる。モーツァルトにとってザルツブルクはいい思い出のない忌避すべき故郷であり、ザルツブルクもモーツァルト存命中はこの天才に冷淡だった。


モーツァルトの没後半世紀が過ぎた一八四二年から、ザルツブルクではさまざまなかたちで郷土が生んだこの音楽家を記念する演奏会や音楽祭が開かれていた。ようやく故郷はこの天才を認めたのだ。いまも毎年夏には約四十日間にわたりザルツブルク音楽祭が開催されているが、これは一九二〇年が第一回で、モーツァルトを記念するために創設されたものだ。

このザルツブルク音楽祭こそ、「帝王」とも「欧州楽壇総監督」とも称されたカラヤンの権力基盤だった。カラヤンは一九五七年に音楽祭藝術監督に就任し、五九年に監督職は辞任するが、その後も亡くなるまで音楽祭の全権を掌握していた。プログラムも出演者もカラヤンの承認なしには決められない状況にあった。古楽演奏のパイオニアとも言うべきアーノンクールはカラヤン存命中この音楽祭に出演しなかったが、これはカラヤンが認めなかったからだと伝えられている。もっとも、こういう人事の噂はどこまでが真実かは分からない。カラヤンの側近が忖度して「あの指揮者は出さないほうがいい」と勝手に決めていた可能性もあるからだ。ともあれ、そういう噂が出るくらい、ザルツブルクでのカラヤンの力は絶大だった。

カラヤンと最も密接な関係のある都市としては、誰もがベルリンを思い浮かべるだろう。たしかにカラヤンは一九五五年から亡くなる八九年までベルリン・フィルハーモニーの首席指揮者だった。しかし彼はベルリンには家を持たなかった。ベルリン市民ではなかったのだ。その理由のひとつは、ベルリンが東西に分断され政治的に不安定だったのでそれを嫌ったからだとされる。だがカラヤンの妻エリエッテによると、ベルリンで戦前から戦中に「たいへん困難な時代を体験」したことも、この都市に定住しない理由だったようだ。

一九三四年、失業した若きカラヤンは指揮の職を得ようとベルリンへ出て音楽事務所を歩きまわったが、冷淡に扱われた。一九三八年に初めてベルリンで指揮できるようになったが、フルトヴェングラーという大指揮者がいたため、出番は少なかった。フルトヴェングラーが嫉妬してカラヤンの出世をあからさまに妨害したからでもあった。やがてヒトラーに嫌われると、カラヤンはますますベルリンでは仕事が少なくなった。けっして、いい思い出のある都市ではなかったのだ。

一九五五年にベルリン・フィルハーモニーの首席指揮者となってからも、カラヤンはベルリンで仕事がある時はホテルに泊まっていた。ウィーン国立歌劇場監督を兼任していた時期はウィーンに、退任後はザルツブルク近郊のアニフという村に住んでいた。カラヤンにとってベルリンは「出張先」でしかなかったのだ。カラヤン帝国の首都はザルツブルクだった。

ザルツブルク音楽祭の主役はウィーン・フィルハーモニーである。毎晩のように上演されるオペラでもコンサートでも、このオーケストラが演奏する。しかしカラヤンが藝術監督になると、ベルリン・フィルハーモニーもザルツブルク音楽祭に客演するようになった。さらにカラヤンはウィーンと決裂した後の一九六七年に、自らが主宰するイースター音楽祭をザルツブルクに創設し、この音楽祭にはベルリン・フィルハーモニーが出演することになった。

カラヤンはイースター音楽祭では自ら演出まで担って、ワーグナーのオペラを自分の思うように上演した。この音楽祭は規模が大きいが、カラヤンの自主公演だった。いわば、道楽の場である（もっとも、その道楽すらもカラヤンは事業化に成功するが）。それに対してベルリンでのコンサートやレコーディングはあくまでビジネス――「金儲け」という意味ではなく、正業、本業――だった。

モーツァルトにとってザルツブルクで演奏することは、生まれた時からの正業だったが、彼はそれが嫌で大司教に逆らい解雇され、自由になり、故郷とは絶縁した。カラヤンにとってのザルツブルクは道楽の場であり、死ぬまでこの町との関係は良好だった。

同じザルツブルク生まれの大音楽家でも、モーツァルトとカラヤンの故郷との関係は正反対なのだ。

一九九一年はモーツァルト没後二百年にあたり、音楽祭は盛大だった。その中心にして頂点にいるはずだったカラヤンは、しかし二年前に亡くなっていた。

＊ヘルベルト・フォン・カラヤン
オーストリアのザルツブルクで一九〇八年に生まれる。四歳でピアノを始め、神童、天才少年コースを歩む。ウィーンへ出て、音楽院で作曲と指揮を学ぶ他、工科大学でも学んだ。ウルム、アーヘンでオペラ指揮者として活躍し、三八年にベルリンデビュー。戦後はベルリン・フィルハーモニー、ウィーン国立歌劇場、ザルツブルク音楽祭の監督となり「帝王」と称された。膨大な録音を遺した。

＊参考文献
『カラヤンとともに生きた日々』エリエッテ・フォン・カラヤン著、松田暁子訳、アルファベータ
『音楽祭の社会史　ザルツブルク・フェスティヴァル』スティーヴン・ギャラップ著、城戸朋子・小木曾俊夫訳、法政大学出版局

Episode
7

「意外な人選」という伝統

サイモン・ラトル
Simon Rattle 1955–

指揮者

ラトル指揮、ベルリン・フィルハーモニー
マーラー：交響曲第６番
ベルリン・フィル自主制作盤／BPH0608

ベルリン・フィルハーモニーという世界最高のオーケストラの首席指揮者・藝術監督は、楽団員たちが討論や投票を経て決めることになっている。といっても、この首席指揮者選びは、何人もの指揮者が立候補して選ばれるわけではない。楽団側が勝手に選び、あなたに決まったけれど引き受けてくれるか、と打診するのだ。そこにはベルリン・フィルハーモニー首席指揮者に選ばれて断る者はいない――という前提というか自信がある。

クラウディオ・アバドが首席指揮者としての契約を延長しない、つまり任期満了とともに辞めると発表したのは一九九八年だった。彼は一九八九年十月、ベルリンの壁崩壊直前に首席指揮者に選ばれ、翌九〇年秋に就任していたが、十年の任期をもって辞めると決めたのだ。これを受けてベルリン・フィルハーモニーは後任選びに入り、最終的にダニエル・バレンボイムとサイモン・ラトルの二人に絞られ、九九年六月、ラトルに決定したと発表された。

ラトルは指名を受諾したが、就任するまでには条件闘争が繰り広げられた。首席指揮者の権限やオーケストラの組織形態についてラトルから提案や要求がなされ、それを解決するのに時間がかかったのだ。ようやく二〇〇二年の秋に正式に就任、任期は七年だったが、二〇〇九年に更新され、一八年まで延びた。

ラトルがアバドの後任に選ばれた時は驚きをもって報じられた。だが、アバドが選ばれた時も、そしてカラヤンが、さらにはフルトヴェングラーが選ばれた時も、驚きをもって報じられたのだ。フルトヴェングラーが選ばれた時の本命はブルーノ・ワルターだったし、カラヤンの時はチェリビダッケ、アバドの時はロリン・マゼールが有力視されていた。

いつも世評での本命が選ばれないのは、このオーケストラが「興奮」あるいは「変化」を求めるからだ。何度も客演し、なじみのある指揮者はかえって選ばれない。

サイモン・ラトルは一九五五年一月十九日に生まれた。その前年十一月にフルトヴェングラーが亡くなり、カラヤンがベルリン・フィルハーモニー首席指揮者になるために水面下で駆け引きが繰り広げられていた時期にあたる。生まれ育ったのは、イギリスのリヴァプール――二十世紀最大の音楽家と言っていいビートルズが誕生した街だ。しかしサイモン少年はロックではなく、クラシックの道を歩んだ。

ラトルは十九歳になる一九七四年に指揮者コンクールで優勝し、七六年にロンドンのフィルハーモニア管弦楽団にデビュー、八〇年にバーミンガム市交響楽団の首席指揮者となり、一時代を築いた。尊敬する指揮者としてボールト、ジュリーニ、ブーレーズなどを挙げている。

ベルリン・フィルハーモニーを初めて指揮したのは、まだカラヤンが健在だった一九八七年十一月だ。マーラーの交響曲第六番を指揮し、かなり大胆な解釈でさまざまな議論を巻き起こした演奏だったが、これくらいのことをしないと印象に残らない。ラトルの「衝撃のデビュー」は成功し、カラヤン時代が終わりアバドの時代になると、客演指揮者のリストに入れられた。しかし、活躍の場はイギリスが中心で、ベルリンとは縁が薄いように思われていた。

実は――私はかなり早い段階から、ラトルがベルリン・フィルハーモニーの首席指揮者になると予感していた。一九九六年にドイツで出版された写真集『ベルリン・フィルハーモニーとクラウディオ・アバド』の日本語版を発行し、その縁で同年秋にこのオーケストラがアバドと来日した際、楽団の広報担当と面談した。その時、「次はこういう写真集を用意している。日本でも出さないか」と言われ、見本を見せてもらった。すると、巻末にラトルへのインタヴューが何ページにもわたって載っていたのだ。まだアバドが辞めると発表される二年も前だったが、私は冗談のつもりで「彼（ラトル）が次の首席指揮者なのか？」と言ったら、広報担当はウインクをした。その頃から有力候補だったのは間違いない。

残念ながらオーケストラ側が資金を工面できず、その二冊目の写真集は幻に終わったのだが、その三年後、ラトルが選ばれたとのニュースを聞いて、スクープを逃したジャーナリストのような気分になったのを覚えている。

二〇一三年一月、ベルリン・フィルハーモニーは、ラトルが二〇一八年の任期満了後は首席指揮者の契約を更新しないと発表した。これを受けてオーケストラは後任選びに入り、一五年六月にキリル・ペトレンコに決まった。ロシア出身で一九七二年生まれなので、選ばれた時は四十三歳だった。彼はそれまで、一九九九年から二〇〇二年までマイニンゲン州立歌劇場、二〇〇二年から〇七年までベルリン・コーミッシェ・オーパーで音楽総監督を務め、一三年からはバイエルン州立歌劇場音楽総監督に就任していたが、コンサート・オーケストラの常任職の経験はなかった。

ペトレンコは指揮者として来日したことがなく、またCDも数枚しかないので、日本のクラシックファンにはなじみがない。なぜ世界一のオーケストラが、日本では無名に近い指揮者を選んだのかと話題になった。しかし、この「意外な人選」こそが、このオーケストラの伝統なのだ。

ペトレンコ指揮、ベルリン・コーミッシェ・オーパー管弦楽団
ヨーゼフ・スーク作品集
CPO / 555009

＊サイモン・ラトル
イギリスのリヴァプールで一九五五年に生まれた。ロンドン王立音楽アカデミーで指揮と打楽器を学び、七四年にジョン・プレイヤー国際指揮者コンクールで優勝。七七年にグラインドボーン音楽祭に最年少デビューし、八〇年にバーミンガム市交響楽団の首席指揮者に就任し、同楽団を国際的な楽団へと育てる。二〇〇二年からベルリン・フィルハーモニーの首席指揮者になり、二〇一七年からはロンドン交響楽団の音楽監督に。

＊参考文献
『マエストロ』第Ⅰ巻　ヘレナ・マテオプーロス著、石原俊訳、アルファベータ
『サイモン・ラトル　ベルリン・フィルへの軌跡』ニコライ・ケニヨン著、山田真一訳、音楽之友社

Episode
8

カザルスの孫弟子

ムスティスラフ・ロストロポーヴィチ
Mstislav Rostropovich 1927–2007

チェリスト、指揮者

ロストロポーヴィチ（チェロ）、
オイストラフ指揮、モスクワ・
フィルハーモニー
ショスタコーヴィチ：チェロ協
奏曲第1番、第2番、他
REVELATION / RV10087

　バッハの無伴奏チェロ組曲を有名にしたのは、パブロ・カザルス（一八七六〜一九七三）だ。ロストロポーヴィチは、そのカザルスの「孫弟子」だと自ら称していた。というのも、彼の父がカザルスに習ったことがあるからだった。

　ムスティスラフ・ロストロポーヴィチの父レオポルトもまたチェリストだった。レオポルトは一八九二年生まれなのでカザルスの十六歳下だ。彼はロシア各地で演奏していたが、パリへ演奏旅行に行くまでの名声を得た。そしてパリに数カ月滞在した際、カザルスのレッスンを受けたのである。師弟関係といっても、それだけのことだが、「自分はカザルスの弟子だ」と、レオポルトは息子に語っていたのだろう。ロストロポーヴィチはこう語っている。

「私の父はカザルスから何回か教えを受けたことがあって、いうなれば私はチェロにおける彼の孫弟子と言ってもいいでしょう。いずれにしても、彼は私の偶像でした」

カザルスがパリを拠点としていたのは一九〇〇年から一一年までのことなので、レオポルトがレッスンを受けたのはこの時期のいつかとなる。カザルスがバッハの無伴奏チェロ組曲を初めて公の場で演奏したのが一九〇四年、ティボー、コルトーとのトリオを結成したのが一九〇五年なので、その前後だ。

音楽家の収入源のひとつが個人レッスンでの報酬なのだが、カザルスは教えることには熱心ではなく、スペイン戦争後に亡命し、他にすることがなくなるまではあまり教えていなかったというから、レオポルトは若き日のカザルスの数少ない弟子かもしれない。

その後、レオポルトはサンクトペテルブルクのマリインスキー劇場のオーケストラで首席チェリストとなり、一九一七年のロシア革命後はサラトフ音楽院でチェロを教えるようになった。

そして、一九二七年にムスティスラフが生まれた。


ムスティスラフ・ロストロポーヴィチが国際的に活躍するようになった一九五七年十月、彼はパリで開催された第一回パブロ・カザルス国際コンクールに審査員として招かれた。ソ連はスターリン死後の「雪解け」の時代で、束の間ではあったが自由が戻っており、ロストロポーヴィチのような「ソ連が誇る藝術家」たちは国外へ行けるようになっていた。そして彼はかつて父がカザルスからレッスンを受けたのと同じパリで、カザルスと会うのだ。

この年、カザルスはすでに八十歳である。彼は戦後も一貫してスペインのフランコ政権を認めず、この時期はプエルトリコで暮らしていた。このコンクールでは、カザルスは審査員になってくれと頼まれたが辞退し、それでも会場に来てすべての参加者の演奏を聴いていた。

コンクール開催期間のある日、ロストロポーヴィチはカザルスが宿泊しているホテルを訪ねた。カザルスへのロシアからの土産は、チェロを弾いている木彫の熊だった。それは、かつてカザルスが革命前のロシアに来た際にその演奏を聴いた音楽家たちからのプレゼントとして預かってきたものだった。カザルスはとても喜び、そのお返しに演奏しようと言った。

カザルスはその四カ月前に心臓発作を起こしており、チェロを弾くのはそれ以来初めてだった。その病み上がりのカザルスがロストロポーヴィチに聴かせたのは、バッハの無伴奏チェロ組曲の第一番と第五番だった。他に聴く者はいない、なんとも贅沢なリサイタルだった。

「私の人生の最良の日でした」とロストロポーヴィチはその日のことを振り返り、その時のカザルスについて、「時々フレーズの途中で手を止めて、私の反応を見るためにメガネの上からこちらを眺めたかと思うと、また実に自由奔放に弾き続けました」と語っている。

チェロを愛するロストロポーヴィチにとっては、人生最良の日々だったかもしれないが、このコンクールでソ連の音楽家たちは敗退した。彼らは二年後のコンクールを目指して、必死で努力した。一九五九年のコンクールはメキシコで開催され、ロストロポーヴィチはまたも審査員として招かれた。しかし、直前になって出場する予定の若い音楽家たちへの出国許可が取り消された。理由は説明されなかった。それがソ連という国だった。

ロストロポーヴィチはその後もソ連を代表する音楽家として活躍したが、七〇年代に入ると、反体制作家ソルジェニーツィンと親しくしていたことなどから、やがてソ連国内では演奏できなくなり、一九七四年に事実上の亡命をする。

その後のインタビューで、ロストロポーヴィチはカザルスについてこう語っている。

「私にとって、チェロの分野で並ぶもののないお手本であったばかりでなく、祖国への愛を捨てず、自分の民族を愛し、ともに苦しんだ人間の模範でもありました」

カザルスとロストロポーヴィチは音楽での精神的師弟関係にあるだけでなく、祖国を愛しながらも、それゆえに亡命しなければならなかったチェリストとしても、師弟あるいは先輩・後輩の関係にあった。

カザルスは一九七三年に九十六歳で亡命の地プエルトリコで亡くなった。遺体は生地アル・

バンドレイへ帰ることができた。ロストロポーヴィチはソ連の共産党政権が崩壊したので、故郷ロシアへ帰国し二〇〇七年に八十歳で亡くなった。

カザルス（チェロ）
バッハ：無伴奏チェロ組曲（全曲）
EMI / TOCE-11567・68

＊ムスティスラフ・ロストロポーヴィチ

ソ連時代のアゼルバイジャンのバクーで一九二七年に生まれた。父はチェリスト、母はピアニストで、四歳でピアノ、七歳でチェロを始めた。四三年にモスクワ音楽院へ入学。全ソ連音楽コンクール金賞、ブダペスト国際コンクールで優勝、プラハ国際チェロ・コンクールで一位。七四年に亡命し、ワシントン・ナショナル交響楽団音楽監督も務めた。ソ連崩壊後はロシアを拠点とし、二〇〇七年に亡くなった。

＊参考文献

『M・ロストロポーヴィチ、G・ヴィシネフスカヤ　ロシア・音楽・自由』クロード・サミュエル編、田中淳一訳、みすず書房
『ロストロポーヴィチ伝　巨匠が語る音楽の教え、演奏家の魂』エリザベス・ウィルソン著、木村博江訳、音楽之友社
『ロストロポーヴィチ　チェロを抱えた平和の闘士』ソフィア・ヘントヴァ著、吉田知子訳、新読書社

Episode
9

ある友情

小澤征爾
Seiji Ozawa 1935–
指揮者

小澤征爾指揮、トロント交響楽団
ベルリオーズ：《幻想交響曲》
SONY / SICC 1839

小澤征爾がロストロポーヴィチと初めて共演したのは一九六七年二月、彼がカナダのトロント交響楽団音楽監督だった時だ。曲はショスタコーヴィチのチェロ協奏曲第二番とドヴォルザークの協奏曲で、前者は六六年九月にロストロポーヴィチによって世界初演され、この時が北米大陸初演にあたる。

「世界のオザワ」が初めて持った「自分のオーケストラ」がこのトロント交響楽団で、六五年秋に音楽監督に就任した。ソ連からロストロポーヴィチがやって来て共演したのは、その二シーズン目にあたる。

二人とも、「誰とでもすぐに親しくなる」タイプの音楽家と伝えられているので、すぐに「親友」になったのだろう。二人の交流はロストロポーヴィチが亡くなるまで続くが、当初は東西冷戦の最中にあたる。親友といえども東西両陣営に分かれている二人は、いつでも自由に会える状況にはなかった。音楽に国境はなくても、音楽家には故郷があった。

翌一九六八年にはチェコの民主化運動「プラハの春」がソ連軍によって弾圧されるという悲劇もあった。その時にチェコ・フィルハーモニーの音楽監督だったのがカレル・アンチェルで、この事件をきっかけに彼は亡命し、小澤の後任としてトロント交響楽団の音楽監督になる。小澤はトロントを六九年五月までのシーズンで退任するが、その最後にあたる四月には日本公演もしている。

一九七〇年秋、小澤征爾は西海岸のサンフランシスコ交響楽団の音楽監督に就任し、七三年五月から六月にかけて、ヨーロッパ・ソ連ツアーに出かけた。

この時期、ロストロポーヴィチはソ連国内ではほとんど演奏できない状況にあった。病気だったのでも人気がなくなったのでも、スランプだったのでもない。ソ連の反体制作家ソルジェニーツィンと親しくし、彼を別荘に住まわせていたため、彼もまた「反体制」だとして、干されていたのだ。

ソ連ではコンサートもすべて国家管理下にある興行会社が独占的に仕切っていた。当局に睨(にら)まれた演奏家は演奏する機会が奪われてしまう。ロストロポーヴィチに与えられるのは地方での演奏に限られていた。

そんな時、アメリカから小澤征爾とサンフランシスコ交響楽団がソ連で演奏することになったのだ。政府間は冷戦状態にあるが、なおのこと、文化・藝術面での交流はかろうじて維持されていた。小澤はソ連で公演するにあたり、ロストロポーヴィチとの共演を唯一の条件として求めた。友人が演奏できない状況にあるのを知っていて、あえて条件として提示したのだ。もし断ったら、ソ連が高名な音楽家を政治的理由で干していることが国際的に明白になってしまうし、米ソ関係にもよくない。ソ連当局はしぶしぶロストロポーヴィチの出演を認めた。

かくして、ロストロポーヴィチは久しぶりにモスクワのステージに立つことになり、ドヴォルザークのチェロ協奏曲を熱演した。東西冷戦の最中、アメリカのオーケストラが日本人指揮者とともにソ連へ行き、干されていた演奏家と共演したのだ。それは本当に熱演だったという。喝采の拍手はいつまでも止まらず、ロストロポーヴィチの楽屋にも自宅にも多くの友人が押し寄せて、絶賛し祝福した。しかし妻でソプラノ歌手のガリーナ・ヴィシネフスカヤは素直には喜べなかった。ようやく二人だけになると、彼女は夫に言った。

「今夜の演奏は素晴らしかった。そして私には分かった――あなたには聴衆が必要なのだ、と。

でも、この国にいたのでは、聴衆の前では演奏できない」

この夫婦がソ連を出ようと決断したのは、この夜だった。

ロストロポーヴィチ夫妻は七四年五月に出国する。


ロストロポーヴィチほどの試練ではなかったかもしれないが、小澤征爾もまた日本国内で干されたことがある。一九六二年の、世に言う「N響事件」である。当時二十七歳の小澤はNHK交響楽団の指揮者となったが、彼のやり方が気に入らないと、楽団員たちが演奏会をボイコットしたのである。

以後、小澤はN響を指揮することはなかったが、一九九五年一月、三十二年ぶりに共演することになった。日本を代表する指揮者と日本を代表するオーケストラとが、三十年以上にわたり共演していないのを知ったロストロポーヴィチが、義侠心から仲介したのだ。彼は自らがソリストとなるからと、小澤とN響とに働きかけた。こうして、小澤の指揮、ロストロポーヴィチのチェロで、N響の慈善演奏会が開かれ、ドヴォルザークの協奏曲などが演奏された。これをきっかけに、小澤はN響を指揮するようになった。

ロストロポーヴィチの「最後のコンサート」は、ロシアではなく日本で、チェリストではなく指揮者としてだった。二〇〇六年十二月の新日本フィルハーモニー交響楽団の定期演奏会での、ショスタコーヴィチのヴァイオリン協奏曲第一番と交響曲第十番の指揮だ。彼がこのオーケストラを指揮したのは、小澤征爾がこの楽団と関係が深かったからに他ならない。

小澤征爾指揮、ボストン交響楽団、ロストロポーヴィチ(チェロ)ドヴォルザーク：チェロ協奏曲、他
ERATO / WPCS-21056

＊小澤征爾
満州国奉天（現・中国瀋陽）で一九三五年に生まれた。四一年に父以外の家族と日本へ戻り、成城学園中学校を経て桐朋学園に。齋藤秀雄に指揮を学ぶ。五九年に単身で渡欧し、ブザンソン国際指揮者コンクールで一位となり、以後、世界的に活躍。トロント交響楽団、サンフランシスコ交響楽団、ボストン交響楽団、ウィーン国立歌劇場で音楽監督を務める。

＊参考文献

『音楽の旅人　ある日本人指揮者の軌跡』山田治生著、アルファベータ
『ガリーナ自伝　ロシア物語』ガリーナ・ヴィシネフスカヤ著、和田旦訳、みすず書房
『ロストロポーヴィチ伝　巨匠が語る音楽の教え、演奏家の魂』エリザベス・ウィルソン著、木村博江訳、音楽之友社

Episode 10

ドレスデンでの豊穣、ウィーンでの挫折

カール・ベーム
Karl Böhm 1894–1981
指揮者

ベーム指揮、ベルリン・フィルハーモニー
ブルックナー：交響曲第８番
TESTAMENT / SBT1512

ベームは、とかく目立つフルトヴェングラー（一八八六〜一九五四）とカラヤン（一九〇八〜八九）の間に生まれた「谷間の世代」にあたる――といっても、音楽の才能や業績が谷間だとか、陽の目を見なかったという意味ではなく、不遇な世代だという意味だ。

ヒトラーが首相に就任したのは一九三三年、ベームが三十九歳になる年だった。ベームは人生で最も実り多き時期のはずの四十代がナチス時代と重なる点でも、不幸だった。

カール・ベームは生まれ故郷グラーツの市立歌劇場で指揮者としてデビューし、ミュンヘン

のバイエルン州立歌劇場の指揮者、ダルムシュタット市立歌劇場音楽監督の後、一九三一年からハンブルク州立歌劇場音楽監督と、順調に出世したところでナチス政権時代を迎えた。

一九三三年のナチス政権誕生時、ドレスデンの歌劇場総監督はフリッツ・ブッシュだった。しかしブッシュはナチスを嫌い――ということはナチスからも嫌われ、ドレスデンを追われた。ベームはその後任として三四年一月に就任する。ベームがブッシュを追い出したわけではないが、そういう経緯で辞めた人の後任を引き受けたので、戦後は批判される。

一九三五年六月、ドレスデンでリヒャルト・シュトラウスの新作《無口な女》が初演された時のことだ。作曲者シュトラウスも立ち会い、リハーサルが順調に進んだ。しかし、初演二日前の夜、シュトラウスが歌劇場に、「当日配るパンフレットを見せてくれ」と頼み、手に取ると、そこには台本を書いた作家シュテファン・ツヴァイクの名がなかった。ツヴァイクはユダヤ系だったのだ。シュトラウスはこれに怒り、その場で席を立ち、初演には立ち会わずに帰ってしまった。

ここでベームも指揮を拒否して辞任していれば、彼は反ナチスの英雄になれただろう。しかし、ベームは何も悩むことなく初演を指揮した。これも戦後に批判される。

そういう事件も含め、一九三四年から四三年までの九シーズンにわたり、ベームはドレスデンで六八九回のオペラ公演を指揮し、その他に年に十回のシンフォニー・コンサートも指揮した。ドレスデンの総監督は彼のキャリアにおいて最も長く務めた仕事となる。

戦後、ドイツが東西に分裂し、ドレスデンが東側の都市となってからもベームがこの都市に客演していたのは、戦前からの深いつながりがあったからだ。


一九四三年一月、ベームは念願のウィーン国立歌劇場総監督となった。この地位を得るためにベームはナチス政権に取り入っていた。

ようやくオペラ界最高のポストを得たベームだったが、四四年秋にナチス・ドイツが「総力戦」を宣言し、ドイツとオーストリアのすべての劇場は閉鎖されてしまった。一年半ほどでベームのウィーン時代は終わった。歌劇場は四五年五月に連合国軍の空襲で灰燼に帰した。

戦後のベームはフルトヴェングラーやカラヤン同様にナチスに協力したとの疑いが持たれ、二年間、演奏活動が禁止されたが、四七年から復帰し世界各地を客演していた。ベームとしては常任職よりも気が楽な客演のほうを好んでいたようだが、ウィーン国立歌劇場が再建されると決まると、一九五四年に総監督に就任し、翌五五年十一月の華々しい開場公演を成功させた。

ベームと歌劇場の契約では一シーズン十カ月のうち七カ月をウィーンに充てればよく、残りの三カ月は世界中のどこで何をしてもいいことになっていた。だが、ベームがウィーンにいない間の公演はレベルが下がったと批判された。そんな批判の声が高まっていた時にベームは帰国し、空港で記者会見をすることになってしまった。その会見での対応がまずく、マスコミを怒らせ、ウィーンの世論も敵にしてしまい、辞任に追い込まれた。

ベームの後任にはカラヤンが就任した。ベームが辞意を表明する前からカラヤンに打診されていたらしく、「陰謀があった」とベームは後に語る。実際かなり政治的な駆け引きがあったようだ。しかし、そのカラヤンも八年後に陰謀によって、追われるようにウィーンから去る。

オーストリア政府は、その後ベームの機嫌をとるために、「オーストリア連邦共和国音楽総監督」という名誉称号を授与することにした。ベームは「私が存命中は同じ称号を他の者には与えない」ことを条件に、これを受けた。その「他の者」が誰のことかは、言うまでもない。

かつてグスタフ・マーラーもウィーンで黄金時代を築きながらも決別したように、この都市は大指揮者たちにとって愛憎相半ばする。

ベームにとって最も充実していたのはウィーンではなく、ナチス政権下のドレスデン時代だったようで、自伝『回想のロンド』ではドレスデン時代をこう振り返っている。

「芸術的にみて私にとって最も豊穣な時代だったと言えよう。当時の私は政治の情勢が不愉快きわまるものであり、後には戦争の勃発により極端に危険になったにもかかわらず、芸術の面で、それ以後二度と私に叶えられなかったものを意志の力でやりぬいたからだ。」

ベームは最晩年にウィーン・フィルハーモニーと来日し絶賛を浴びた。その印象が強いので日本では、ベームとウィーンは深く長い蜜月関係にあったと思われているが、実際は愛憎相半ばする関係だった。

＊カール・ベーム

オーストリアのグラーツで一八九四年に生まれた。法律家を目指していたが、ウィーンで音楽を学び、一九一七年に指揮者としてデビューした。ダルムシュタット市立歌劇場、ハンブルク州立歌劇場、ドレスデン州立歌劇場、ウィーン国立歌劇場の音楽監督等を歴任し、世界的な巨匠となった。一九八一年に亡くなった。

＊参考文献

『回想のロンド』カール・ベーム著、高辻知義訳、白水社
『私の音楽を支えたもの』カール・ベーム著、井本晌二訳、シンフォニア
『カール・ベーム』フランツ・エンドラー著、高辻知義訳、新潮社
『マエストロ』第I巻　ヘレナ・マテオプーロス著、石原俊訳、アルファベータ

Episode
11

帝王と寒い国の演奏家たち

スヴャトスラフ・リヒテル
Sviatoslav Richter 1915–1997
ピアニスト

ギドン・クレーメル
Gidon Kremer 1947–
ヴァイオリニスト

スヴャトスラフ・リヒテルはソ連時代を生き抜いた音楽家だった。生まれたのは一九一五年で亡くなるのは一九九七年、一方、ロシア革命は一九一七年でソ連崩壊が一九九一年――あの強大な国家よりもリヒテルのほうが長く生きたのである。

ソ連からは多くの藝術家が亡命した。革命直後の動乱期にはラフマニノフやホロヴィッツ、

リヒテル（ピアノ）
プロコフィエフ：《束の間の幻影》、ショスタコーヴィチ：24の前奏曲とフーガ（抜粋）、他
PHILIPS / PHCP-5245
438 629 2

クレーメル（ヴァイオリン）、小澤征爾指揮、ボストン交響楽団
ショスタコーヴィチ：ヴァイオリン協奏曲第2番
Deutsche Grammophon / POCG-1791

戦後もロストロポーヴィチ、コンドラシン、クレーメルら何人もの音楽家がソ連を出た。しかし、オイストラフやムラヴィンスキーのようにソ連国内に留まった音楽家たちもいる。リヒテルも留まったなかのひとりだ。

亡命はしなかったが、リヒテルは西側でも演奏活動をしていた。最初にアメリカ合衆国へ行ったのは一九六〇年十月で、十二月まで全米とカナダ各地で演奏した。この時代、名ピアニストが外国を訪問する場合はソロのリサイタルの他にその地のオーケストラと協奏曲を演奏することが多い。リヒテルもこの最初の訪米時にはオーマンディ指揮フィラデルフィア管弦楽団、ミュンシュ指揮ボストン交響楽団、ラインスドルフ指揮シカゴ交響楽団などと共演した。

西側の音楽界の帝王であるカラヤンとリヒテルの共演は、まずはレコーディングで実現した。一九六二年九月にウィーンでチャイコフスキーのピアノ協奏曲第一番をドイツ・グラモフォンのために録音したのだ。

本来ならベルリンでレコーディングするはずだったが、六一年に「ベルリンの壁」ができて東西関係が緊張しており、ソ連当局はリヒテルが西ベルリンへ行くことを許可しなかった。だが中立国であるオーストリアのウィーンならばいいという。一方、ウィーン・フィルハーモニーはデッカと専属契約を結んでいたので、グラモフォンには録音できない。そこで、カラヤンがベルリン・フィルハーモニーの首席指揮者になる前によく指揮していた、ウィーン交響楽団が起用された。こんなところにまで国際政治が影響する時代だった。

カラヤンは何人ものピアニストとチャイコフスキーの協奏曲を録音しているが、いまもこのリヒテルとの共演が名盤とされている。しかしリヒテルはブリューノ・モンサンジョンがまとめた回想記『リヒテル』でこの録音について、「譜面解釈のうえで言語道断のまちがいが残っています」と怒っている。何事かと思って読み進めると、第二楽章のカデンツァのあと、主題が回帰するところで、リヒテルが伴奏開始の合図を出してほしいと頼んだのに、カラヤンは拍子をとるのを中断した、リヒテルが求めたのは単にリズムの上での厳密さにすぎなかったのに、カラヤンは頑固に拒んだという。二人の巨匠のアプローチの違いが垣間見える逸話だ。

リヒテルとカラヤンはこの後、一九六五年夏のザルツブルク音楽祭でも、ドレスデン・シュターツカペレとチャイコフスキーの協奏曲を共演した。しかしコンサートでの共演はこれが最初で最後となる。

一九六九年、リヒテルはオイストラフ、ロストロポーヴィチと共にベルリンへ向かい、カラヤン指揮するベルリン・フィルハーモニーとベートーヴェンの三重協奏曲を演奏した。これも名盤として名高い。しかし、リヒテルはこの録音にも満足していないようで、「じつに嫌な録音で、私はまったく認めません」「悪夢のような思い出しかありません」と語っている。

そうは言っても、リヒテルは「カラヤンはもちろん非凡な指揮者でした」と認めてはいる。ようするに共演者としては相性がよくなかったのだろう。それなのに、リヒテルとカラヤンの数少ない共演は名盤となったのだから、相性と演奏の評価とは別のようだ。

カラヤンに対して歯に衣着せぬ発言をするリヒテルは、歳下のクレーメルにも厳しい。共演機会はなかったと思うが、一九九〇年にリヒテルはドイツに演奏旅行へ行った際に、たまたまボンでクレーメルとアルゲリッチのリサイタルを聴き、日記にその感想を書いている。これが酷評で、「まったく気に入らない！」「まったくとんでもないことだ（特にヴァイオリンが）」と怒っているのだ。

クレーメルとカラヤンは一九七六年三月にベルリンでブラームスの協奏曲を演奏し、同時にＥＭＩに録音もした。クレーメルによると、コンサートのリハーサルのつもりで演奏していたら、それが録音され、レコードになってしまったのだという。当時のカラヤンはコンサートのリハーサルとレコーディングを連動させることが多かったので珍しいことではない。だが、クレーメルには事前に知らされていなかったようで、彼は戸惑いを隠していない。

演奏後、カラヤンはクレーメルを「現存する最高のヴァイオリニスト」と讃えた。そのため、当人は望まなかったが、以後しばらくクレーメルは「カラヤンが認めた、現存する最高のヴァイオリニスト」と紹介されることになる。

レコーディングをめぐっての行き違いはあったが、クレーメルは、カラヤンともっと共演したいと思った。しかしそれは叶わず、同年七月にザルツブルク音楽祭でバッハの協奏曲第二番を共演したのが最後となった。

カラヤンとクレーメルの共演が続かなかったことに国際政治は関係ない。クレーメルと共演した直後に、カラヤンの前にひとりの天才少女が現れ、以後、帝王はこの少女しかソリストに起用しなくなるのだ。

少女の名は、アンネ＝ゾフィー・ムターという。

＊スヴャトスラフ・リヒテル
ロシア帝国領時代のウクライナのジトームィルでドイツ人ピアニストを父にして一九一五年に生まれ、オデッサで育った。戦争が始まると父は捕らえられた。独学でピアノを学び、歌劇場の練習ピアニストをしていたが、二十二歳でモスクワ音楽院へ入学し、ネイガウスに師事。ソ連国内で名声を得た後、六〇年にアメリカデビューし世界的ピアニストとなる。九七年に亡くなった。

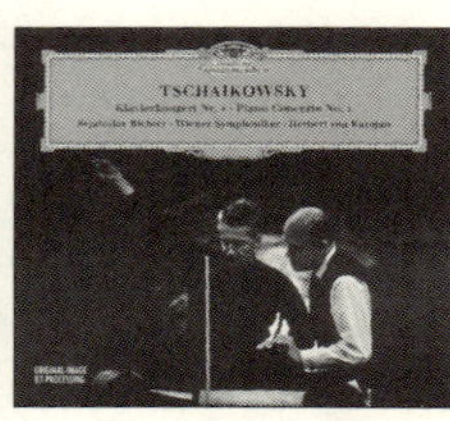

リヒテル（ピアノ）、カラヤン指揮、ウィーン交響楽団
チャイコフスキー：ピアノ協奏曲第１番
Deutsche Grammophon / 00289 477 7158

クレーメル（ヴァイオリン）、カラヤン指揮、ベルリン・フィルハーモニー
ブラームス：ヴァイオリン協奏曲、他
EMI / TOCE-3275

＊ギドン・クレーメル

ソ連邦だったラトヴィアのリガで、一九四七年に生まれた。両親と父方の祖父もヴァイオリニストだった。四歳で父と祖父からヴァイオリンを習い、七歳で生地の音楽学校へ入り、十六歳でラトヴィアの音楽コンクールで優勝、モスクワ音楽院へ進学し、ダヴィッド・オイストラフに師事した。エリザベート王妃国際音楽コンクールで三位、パガニーニ国際コンクールとチャイコフスキー国際コンクールで優勝。八〇年にソ連から実質的に亡命。ロッケンハウス音楽祭を創設、バルト三国の若い演奏家によるクレメラータ・バルティカを結成するなど、若手音楽家の育成にも熱心。

＊参考文献

『リヒテル』ブリューノ・モンサンジョン著、中地義和・鈴木圭介訳、筑摩書房
『クレーメル青春譜――二つの世界のあいだで』ギドン・クレーメル著、臼井伸二訳、アルファベータ
『ヘルベルト・フォン・カラヤン』リチャード・オズボーン著、木村博江訳、白水社

Episode
12

天才は天才を識(し)る

エレーヌ・グリモー
Hélène Grimaud 1969–

ピアニスト

グリモー(ピアノ)
モーツァルト：ピアノ・ソナタ第8番、リスト：ピアノ・ソナタロ短調、他
Deutsche Grammophon / UCCG–1516

ほとんどのピアニストは「親が音楽家」あるいは「親が音楽愛好家」で「生まれる前から音楽に包まれた環境で育ち」、「三歳でピアノを弾き始め……」というような経歴を持つ。

しかしエレーヌ・グリモーがピアノと出会ったのは七歳の年だった。彼女の両親は音楽家でもなく、音楽愛好家でもなく、彼女は「音楽に包まれた家庭」に育ったわけでもなかった。

グリモーは――自伝的エッセイ『野生のしらべ』によると――「子どもの頃は幸せだったか」との質問に対し、真剣に考えて自分がどんなだったかを思い出すと、「断固として『いいえ』だ」という答えになるという、そういう子どもだった。といっても、貧困だったとか親が暴力をふるったわけではない。良識のあるインテリの両親のもとで何不自由のない幼少期を過ごしていた。しかし、彼女は何かを求めており、周囲になじむことができず、自傷行為に走る。その治療のひとつとして、音楽教室に通うことを父親が思いつき、それがピアノとの出逢いとなった。

グリモーはたちまち音楽にのめり込み、ショパンのエチュードの何曲かを弾けるようになると、隣の家の人々の前で――つまり、初めて他人の前で弾く。そして、「私は音楽が空間を支配し、空間そのものとなるのを感じた」。その感覚は、しかし、初めてではなかった。その前にレコードで、ある交響曲を聴いた時に彼女はすでに「音楽の力」を感じていたという。

さて、そのレコードとは何だったのだろう。グリモーは六九年生まれなので、聴いたのは七〇年代後半のことだ。当時のフランスの、音楽愛好家ではない普通の家庭にもあったクラシックのレコード――つまり、たいていの家にあったベストセラー盤だ。そう、カラヤン指揮のベートーヴェンの交響曲第五番という、六〇年代生まれの誰もが聴いたはずのレコードが、グリモー家にもあったのである。

グリモーはたちまちピアノの才能を見出され、ピエール・バルビゼに師事し、十三歳でパリ音楽院の入試に合格した。同音楽院は、彼女が入学した翌年から入学資格が満十四歳以上となるので、運がよかった。

こうしてエレーヌ・グリモーは順調にピアニストとしての道を歩むのだった——とはならない。彼女はパリ音楽院でも自分の居場所を見つけられず、やめてしまう。音楽院の新しい院長が現代音楽を重視する方針をとったことが許せなかったし、基本的に音楽院のシステムになじめなかった。レオン・フライシャーのマスタークラスを受けるが、彼とも対立する。チャイコフスキー・コンクールに挑戦するが、入賞できない。それなのに、当代一のピアニストになってしまうのだから、「音楽院やコンクールは無意味だ」という説の正しさの一例となる。

グリモーは、一九八七年、十七歳でプロのピアニストとしてデビューすると、すぐにパリ管弦楽団にもソリストとして招かれ、バレンボイムの指揮で協奏曲を弾いた。しかし、バレンボイムとは、演奏の方法と曲目で「激しく対立した」。

若きピアニストはマエストロの言いなりにならない。コンサート前夜、残って練習しろとバレンボイムに言われると、彼女は拒否した。本番前夜に三時間も鍵盤に向かってクタクタになるよりも、その夜パリで開かれる有名なピアニストの演奏を聴いたほうが多くを教えてくれるというのが、彼女の判断だった。グリモーは練習せず、マルタ・アルゲリッチのコンサートへ行った。

この時点で、グリモーが子どもの頃にレコードで聴いていたカラヤンはまだ存命だ。この帝王は、割合と若いピアニストと共演することを好んでいた。一九八八年十二月三十一日の、カラヤンにとってベルリンでの最後のコンサート（その時点では「最後」になるとは誰も知らない）では、当時十七歳のキーシンと共演しているし、その前の八四年にはこの年二十六歳になるイーヴォ・ポゴレリチと共演する予定だった。しかしポゴレリチとはリハーサルで決裂し、共演はキャンセルされた。グリモーとカラヤンとの共演の可能性もゼロではなかったと思うが、たとえ実現しても、ポゴレリチのようにリハーサルで決裂した可能性も高い。

我が道を行くグリモーは、当然壁にぶつかる。

そんな時、彼女が出会ったのが、マルタ・アルゲリッチとギドン・クレーメルだった。一九八八年にクレーメルが主宰するロッケンハウス音楽祭に参加して、二人と親しくなったのだ。クレーメルからは「譜面上での知的な練習」、アルゲリッチからは「直感の生命力」を教わった。彼女はそれを「人生を決定する出会い」と記す。天才は天才を識るのだ。

こうした出会いの重なりで、世界的コンクールの覇者でもないのに、グリモーは第一線で活躍するようになった。

グリモーは「演奏しながら泣いたことはない」と自伝に書いている。だが、唯一の例外が二〇〇一年九月十一日の、ロンドンでのコンサートだった。エッシェンバッハが指揮するパリ管弦楽団とベートーヴェンの協奏曲第四番を演奏した夜のことだ。ニューヨークでの大惨事を知り、コンサートを中止すべきとの考えも浮かんだが、彼女たちは決行し、「生命のために、生命を讃えるために」演奏し、そして気がつくと、鍵盤が涙で濡れていたという。

＊エレーヌ・グリモー

フランスのエクサン・プロヴァンスで一九六九年に生まれた。地元の音楽学校で学んだ後、マルセイユでバルビゼに師事し、十三歳でパリ音楽院に入学。八五年に初録音し、八七年にパリ管弦楽団の演奏会に出演し、以後、世界的ピアニストとなる。狼の研究と保護活動をしていることでも知られる。

＊参考文献

『野生のしらべ』エレーヌ・グリモー著、北代美和子訳、ランダムハウス講談社

Episode
13

後継者にならなかった男

カルロス・クライバー
Carlos Kleiber 1930–2004

指揮者

カルロス・クライバーは人気が出て評価が高まるにつれて、出演機会が減っていくという点で、史上稀な指揮者だった。さらに、これだけ有名な指揮者でありながら、特定の歌劇場やオーケストラの音楽監督というポストに就かなかった点でも、珍しい。

クライバーの公演記録に、ベルリン・フィルハーモニーが登場するのは二回だけだ。最初が一九八九年三月九日で、ウェーバーの《魔弾の射手》序曲と、モーツァルトの《リンツ》交響曲、そしてブラームスの交響曲第二番を振った。

この八九年三月とは、ベルリン・フィルハーモニーにとって「カラヤン帝政」が終わる直前

クライバー指揮、バイエルン州立管弦楽団
ベートーヴェン：交響曲第6番
ORFEO / C 600 031 B

にあたる。八八年十二月三十日と三十一日のベルリンでの演奏会が、カラヤンにとって生涯で最後のベルリンでの指揮だった。カラヤンが次にこのオーケストラを振ったのは、三月十八日からのザルツブルクのイースター音楽祭で、その最終日の三月二十七日が、カラヤンとこのオーケストラとの最後の演奏会となる。演奏は素晴らしかったが、カラヤンと楽団との関係は修復不可能となっており、四月二十三日にカラヤンは藝術監督を辞任した。

クライバーが出演した三月九日のコンサートは、カラヤンとベルリン・フィルハーモニーの最後の共演直前のもので、定期演奏会ではなく、ドイツ連邦共和国大統領リヒャルト・フォン・ヴァイツゼッカーが主催するチャリティーコンサートだった。このクライバーの客演を、カラヤンが後押ししたという証言もあれば、妨害したという説もある。

妨害説の根拠となるのは、当初、クライバーが打診された日程は三月十日だったが、カラヤンが、「イースター音楽祭の準備のためにベルリン・フィルハーモニーは十日からザルツブルクへ行くことになっている」とクライバーに伝えたことにある。悪意にとれば、「だから、十日に君（クライバー）がベルリン・フィルハーモニーを振ることはできない、諦めろ」というのがカラヤンの真意となる。善意にとれば、現実にクライバーのコンサートは当初予定を繰り上げて九日に実現しているので、単純にスケジュール調整の問題だったことになる。

カラヤンとクライバーとの手紙のやりとりが遺っており、カラヤンは「私は私のオーケストラをあなたにいついかなる時でも使っていただいてけっこうなのです」と書き、クライバーはそれへの返信で、あなた（カラヤン）を崇拝していると書いて、「私には指揮者としての功名心はありません。むしろあなたの演奏を聴いていたいのです」と従順な姿勢を貫いている。

九日のクライバーのコンサートの客席にカラヤンの姿がなかったことも、いろいろ取り沙汰された理由のひとつだが、翌日からザルツブルクでリハーサルが始まるのだとしたら、年齢を考えると、カラヤンがベルリンへ行くのは難しかっただろう。

三月九日のクライバーのベルリンでのコンサートは成功した。四月の終わりにカラヤン退任が決まると、オーケストラは後任選びに入り、わずか一回しか共演していないにもかかわらず、クライバーが最有力候補に浮上した。もしクライバーが選ばれて引き受けていたら、八九年三月はベルリン・フィルハーモニーの歴史において、政権交代の象徴となったはずだ。しかし、結局、カラヤンの後任はクラウディオ・アバドに決まった。

新任の藝術監督アバドは、クライバーには客演指揮者として出演してもらうつもりだと表明し、実際、アバド自ら交渉もしたらしい。だがクライバーは丁重に断り、彼が定期的にベルリンで振る可能性はなくなった。

ベルリン・フィルハーモニーを振らなかっただけではない。この頃からクライバーの出演回数は、オペラ、コンサートとも激減していく。八九年はベルリンの他はウィーン・フィルハーモニーのニューイヤー・コンサートと、十月にニューヨークのメトロポリタン歌劇場を二回振っただけだ。九〇年はオペラが十六回、九一年はコンサートが四回、九二年はコンサートが二回、九三年はコンサートが一回のみなのだ。六十代半ばの指揮者としては少ない。

一九九四年は少し盛り返した。この年、クライバーは十月にウィーン国立歌劇場の来日公演も指揮するが、その前の六月にベルリン・フィルハーモニーを再び指揮したのだ。この演奏会もヴァイツゼッカー大統領主催のものだった。大統領が任期を終えるので、その記念のお別れ演奏会を指揮してくれないかと打診され、承諾したのだ。

翌九五年、クライバーは一度も指揮をせず、九六年は二回、九七年も二回、九八年はなし、そして九九年は一月から二月に五回、指揮台に立った。最後が二月二十六日で、イタリアのサルデーニャ州、地中海の島カリアリでバイエルン放送交響楽団を指揮した。プログラムは、ベートーヴェンの交響曲第四番と第七番、アンコールはシュトラウスの《こうもり》序曲だった。引退を表明したわけではないので、そのうちステージに帰ってくるだろうとファンは期待していたが、その機会のないまま、二〇〇四年七月十三日にクライバーは亡くなった。

インタビューにも応じず、回想録も何も書き遺さなかった(とされている)ので、クライバーがどうして指揮台に立たなくなったのかは永遠に分からない。ただ、ひとつの数字を挙げれば、父エーリヒ・クライバーは六十五歳で急死し、カルロス・クライバーが六十五歳になったのが一九九五年だということだ。父の歳まで生きたことでクライバーは満足してしまったのではないだろうか。

＊カルロス・クライバー
17ページ参照

＊参考文献
『カルロス・クライバー　ある天才指揮者の伝記』上下、アレクサンダー・ヴェルナー著、喜多尾道冬・広瀬大介訳、音楽之友社
『カラヤンの生涯』フランツ・エンドラー著、高辻知義訳、福武書店

Episode
14

異端と帝王

ニコラウス・アーノンクール
Nikolaus Harnoncourt 1929–2016

指揮者

アーノンクール指揮、ウィーン・コンツェントゥス・ムジクス
モーツァルト：レクイエム
RCA / BVCC-37701

オーケストラのチェロ奏者から指揮者に転身した音楽家といえば、アルトゥーロ・トスカニーニとニコラウス・アーノンクールの二人が有名だ。この二人は、時代も国もレパートリーも重ならないが、オーケストラ演奏に革命をもたらしたという共通点がある。トスカニーニは「譜面通りに」演奏することを原則とし、アーノンクールはその曲が作曲された当時の楽器と奏法で演奏する「古楽（オリジナル楽器、ピリオド楽器ともいう）演奏」を始めた。どちらも二〇一〇年代の現在では珍しくもなく、当たり前のことだが、当時としては「新奇なこと」だったのだ。

アーノンクールが「古楽」という藝術運動を始めたのは一九五〇年代半ばで、準備期間を経

た後、五七年五月に、彼が仲間と結成したウィーン・コンツェントゥス・ムジクスはようやく公の場に登場した。この最初のコンサートまで、実に四年間も彼らは密かに「音楽の実験」に取り組んでいたのである。

その時期、アーノンクールの「本職」は、ウィーン交響楽団のチェロ奏者であった。

アーノンクールはウィーン国立音楽院在学中から「古楽」に関心を持ち、研究し、仲間を募って試行錯誤を繰り返していた。卒業後の一九五二年、二十三歳になる年にウィーン交響楽団にチェロ奏者として入団した。

ウィーン交響楽団は一九〇〇年に創設され、ウィーンでは、ウィーン・フィルハーモニーに次ぐ「第二のオーケストラ」だ。オーストリアがドイツに併合された後は、ナチスのプロパガンダに利用されるなど苦労した。このオーケストラの戦後の復興に貢献したのがカラヤンである。一九五〇年代のカラヤンは、ミラノ・スカラ座でドイツ・レパートリーを担う他、ロンドンのフィルハーモニア管弦楽団とウィーン交響楽団の実質的な首席指揮者の立場にあった。楽壇の帝王と称される前だが、かなり多忙で、ウィーン交響楽団を振るのは一シーズンに三十回ほどだった。そんな多忙な未来の帝王と、新入りのチェロ奏者との間に、はたして、どれほどの交流があったのだろうか。

一九五四年秋にフルトヴェングラーが亡くなった後、カラヤンはベルリン・フィルハーモニーとウィーン国立歌劇場とザルツブルク音楽祭の監督となった。「欧州楽壇の帝王」の誕生である。それに伴い、フィルハーモニア管弦楽団やウィーン交響楽団とカラヤンの関係は薄くなっていく。

ベルリンとウィーンとを往復する多忙な日々が始まったカラヤンの視野には、アーノンクールが始めた古楽ムーブメントの動向など入っていなかったであろう。

アーノンクールの「古楽」運動は、六〇年代半ばから音楽界で注目されるようになる。しかし、まだ「異端」だった。彼の本業もウィーン交響楽団のチェロ奏者のままだった。しかし、六九年にアーノンクールはこのオーケストラを退団する。来日時のインタビューによると、退団の理由は「死を意味する調性のト短調で書かれた曲（モーツァルトの交響曲第四十番）を得意満面に振る指揮者、ニコニコ体を揺すりながら聴く客席に挟まれ、チェロを弾くことに耐えられなくなったから」だという。カラヤンがウィーン交響楽団を最後に指揮したのは一九六三年なので、「得意満面」にモーツァルトを指揮したのは別の指揮者だろう。

七〇年代にアーノンクールの古楽演奏を認めなかった人は多い。ウィーンのアン・デア・ウィーン劇場で彼が指揮しコンツェントゥス・ムジクスがモンテヴェルディのオペラを上演した時は、「やめときなさい、君たちは本当に何も分かっていない」と批判された。ベルリンのフィルハーモニーホールで初めて演奏した時は、前半が終わり休憩時間になると、ベルリン・フィルハーモニーのコンサートマスターだったシュヴァルベが「格調高い音楽をこんな台なしにするとは、前代未聞だ！」と憤慨してステージの裏にやって来たという。シュヴァルベはカラヤンと音楽観を共有する人物だ。カラヤンもまた、憤慨する側にいたと考えていい。

しかし八〇年代になると、アーノンクールは、音楽界に確固たる地位を築いていた。コンツェントゥス・ムジクス以外のオーケストラや歌劇場、あるいは音楽祭に指揮者として招かれるようになり、八〇年代には世界的著名指揮者のひとりとなっていた。もはや「異端」ではなく、「鬼才」のポジションにある。しかしアーノンクールが、ベルリン・フィルハーモニーとザルツブルク音楽祭に呼ばれることはなかった。それは「カラヤンがアーノンクールを嫌っているからだ」と噂されていた。

八八年のザルツブルク音楽祭では、カラヤンがアーノンクールを嫌っていて音楽祭に呼ばないという噂を理由に、出演予定だったピアニストのグルダがキャンセルする事件まで起きた。もっとも、グルダの批判は、カラヤン当人ではなく、カラヤンの意向を忖度している音楽祭事務局に向けられていたようではある。

このように「出ない」ことが話題になるのだから、アーノンクールは八〇年代末にはすでに

「大物指揮者」になっていたわけだ。

そして、カラヤンは八九年に亡くなった。アーノンクールがベルリン・フィルハーモニーとウィーン・フィルハーモニーを初めて指揮したのは九一年、ザルツブルク音楽祭に初めて出演したのは九二年である。

＊ニコラウス・アーノンクール

ドイツのベルリンで一九二九年に生まれた。貴族の家系とされている。ウィーン国立音楽院で学び、チェロ奏者としてウィーン交響楽団の一員となる。五三年に古楽器による楽団、ウィーン・コンツェントゥス・ムジクスを結成し、古楽復興の一翼を担う。八〇年代からはモダン楽器のオーケストラも指揮するようになる。二〇一六年に亡くなった。

＊参考文献

『アーノンクールとコンツェントゥス・ムジクス――世界一風変わりなウィーン人たち』モーニカ・メルトル、ミラン・トゥルコヴィッチ著、臼井伸二・蔵原順子・石川桂子訳、アルファベータ
『音楽祭の社会史――ザルツブルク・フェスティヴァル』スティーヴン・ギャラップ著、城戸朋子・小木曾俊夫訳、法政大学出版局

Episode
15

女王の政治センス

アンネ＝ゾフィー・ムター
Anne – Sophie Mutter 1963–

ヴァイオリニスト

ムター（ヴァイオリン）、プレヴィン指揮、シュターツカペレ・ドレスデン
シベリウス：ヴァイオリン協奏曲、他
Deutsche Grammophon / POCG-1941 477 895-2

こんにちの音楽家、とくにヴァイオリニストやピアニストは、国際コンクールでの経歴を売り物にしてデビューする。まだ音楽家としての実績が何もないのだから、コンクールでの成績を謳（うた）うしかない。

しかし、当代一のヴァイオリニストにして「女王」の異名を持つアンネ＝ゾフィー・ムターは、大きなコンクールとは無縁の演奏家である。彼女にはチャイコフスキー・コンクールをはじめとする国際コンクールは必要なかった。「帝王が認めた天才少女」というキャッチフレーズがあれば、それで十分だったのだ。

ムターは一九六三年に生まれ、五歳でピアノを習い始めたものの、ヴァイオリンに転向した。すぐに才能は開花し、西ドイツの「青少年音楽コンクール」で優勝したが、これは大きなコンクールではないので、世界はまだムターを知らない。その後、ヴィンタートゥーア音楽院でアイダ・シュトゥッキに師事し、一九七六年のルツェルン音楽祭に出演した。

「十三歳のすごい少女がいる」との噂が、帝王の情報網にひっかかるのは、その頃だった。当時のカラヤンは優秀なヴァイオリニストを探していた。ベルリン・フィルハーモニーの楽団員としてではなく、協奏曲のソリストを求めていたのだ。

一九六〇年代後半からカラヤンは、ピアニストではアレクシス・ワイセンベルク、ヴァイオリニストではクリスチャン・フェラスと頻繁に共演し、主要な協奏曲のほとんどをレコードにした。しかしフェラスは七〇年代になると精神状態が不安定になり、七一年九月二十六日がカラヤンとの最後の共演となった（フェラスは八二年に自殺）。そこで七五年前後のカラヤンは、フェラスに代わる、優秀で自分の言うことを聞くヴァイオリニストを探し、七六年三月にギドン・クレーメルと共演し、とても気に入った。しかし、その直後にムターが現れた。

七六年十二月、ムターはカラヤンのオーディションを受け、その場でカラヤンが主宰する翌七七年五月のザルツブルクの聖霊降臨祭音楽祭への出演が決まった。初共演したモーツァルトの協奏曲第三番は大成功した。七八年二月、ムターはベルリンでの定期演奏会でも同曲を弾き、同時期にレコーディングもした。十四歳の天才少女の衝撃のデビューであった。

　カラヤンは妻エリエッテに、ムターについてこう語った。

「才能があるなんてものじゃない、彼女は、真のヴァイオリンの天才だ」


「帝王カラヤンの秘蔵っ子」となったムターは、ベートーヴェン、メンデルスゾーン、ブルッフ、ブラームスと、ヴァイオリン協奏曲の名曲を次々とカラヤンとレコーディングしていき、八〇年代半ばには、世界的演奏家となっていた。

　一九八四年、カラヤンとベルリン・フィルハーモニーとの関係は悪化しており、三十年にわたる関係はその最後の時期を迎えようとしていた。カラヤンとの確執が原因で、ベルリン・フィルハーモニーはザルツブルクとルツェルンの音楽祭への出演を直前になってキャンセルした。窮地に陥ったカラヤンはウィーン・フィルハーモニーに代役を頼んだ。

　二つの音楽祭でのプログラムにはヴィヴァルディの《四季》もあり、ソリストはムターが予定されていた。カラヤンの窮地を知ったムターはルツェルン音楽祭に出演料辞退を申し出て、「ベルリン・フィルハーモニーがキャンセルしたことにより発生する費用を、私への出演料で補ってほしい」と伝えた。このムターの後押しもあり、迷っていたウィーン・フィルハーモニーは出演を決めた。ムターはまだ二十一歳だったが、すでに音楽界での自分の影響力を認識していた。藝術上のセンスだけでなく、政治センスも身につけていたのである。未来の女王の片鱗が窺える。

一方、彼女を天才と認めない指揮者もいた。一九八五年、ムターはミュンヘン・フィルハーモニーに招聘され、シベリウスの協奏曲を弾くことになった。だがリハーサルが始まると、指揮者と意見が合わず、ムターのほうからキャンセルを申し出た。その指揮者とは、チェリビダッケである。カラヤンが天才と認めたヴァイオリニストを、チェリビダッケは認めない――あまりにも分かりやすい図式である。

ムターがカラヤンと最後に共演したのは、一九八八年八月十五日のザルツブルク音楽祭だった。オーケストラはウィーン・フィルハーモニーで、チャイコフスキーの協奏曲を演奏し、ライヴ録音されてCDになった。

二人の最初のレコードである七八年のモーツァルトの協奏曲のジャケットは、カラヤンがムターに何かを教えている様子の写真だが、十年後のチャイコフスキーでは、ステージで赤いドレスを着たムターがカラヤンに右手を差し出し、うしろ姿のカラヤンが両手でそれを握っている写真だ。この時点ですでにムターは「カラヤンの秘蔵っ子」ではなく、カラヤンとは対等の共演者となっていた。いや、むしろムターのほうが主で、カラヤンが従だったかもしれない。

カラヤンの死により、音楽界から「帝王」はいなくなった。そしていつの頃からか、ムターは「女王」と呼ばれている。

ムター（ヴァイオリン）、カラヤン指揮、ベルリン・フィルハーモニー
モーツァルト：ヴァイオリン協奏曲第３番、第５番
Deutsche Grammophon / 2531 049

ムター（ヴァイオリン）、カラヤン指揮、ウィーン・フィルハーモニー
チャイコフスキー：ヴァイオリン協奏曲
Deutsche Grammophon / 419-241-1

＊アンネ＝ゾフィー・ムター
ドイツのラインフェルデンで一九六三年に生まれた。五歳でピアノを習い始めたが、すぐにヴァイオリンへ転向し、西ドイツの青少年音楽コンクールで優勝。七六年のルツェルン音楽祭に出演したのがきっかけでカラヤンの眼に止まり、ベルリン・フィルハーモニーの演奏会に出演し、一躍、有名になる。「ヴァイオリンの女王」と称されている。

＊参考文献
『ヘルベルト・フォン・カラヤン』リチャード・オズボーン著、木村博江訳、白水社
『カラヤンとともに生きた日々』エリエッテ・フォン・カラヤン著、松田暁子訳、アルファベータ
『ヴァイオリンの巨匠たち』ハラルド・エッゲブレヒト著、シュヴァルツァー節子訳、アルファベータ

Episode
16

帝王に発見された三人のテノール

ルチアーノ・パヴァロッティ
Luciano Pavarotti 1935–2007
テノール歌手

プラシド・ドミンゴ
Placido Domingo 1941–
テノール歌手、指揮者

ホセ・カレーラス
Jose Carreras 1946–
テノール歌手

パヴァロッティ、ドミンゴ、カレーラス、他
「THE BEST OF THE 3 TENORS」
DECCA / 466 999-2

後に「三大テノール」と呼ばれる三人の歌手が世界的名声を得たのは、一九六〇年代から七〇年代半ばである。この時期、オペラ界に君臨していたのがカラヤンだ。

一九六四年、カラヤンはウィーン国立歌劇場で勃発した政争に敗北し、監督辞任に追い込まれた。帝王の失脚である。カラヤンは「二度とオーストリアでは指揮しない」と捨て台詞を残してウィーンを去った。もっとも、この発言はすぐに撤回され、ウィーンでは指揮しないが、ザルツブルク音楽祭には実質的な総監督として君臨し続けた。

カラヤンを喪ったウィーンは、すぐに後悔して復帰を依頼し続けたが、カラヤンは首を縦に振らなかった。カラヤンのウィーンへの帰還が実現したのは一九七七年春で、ザルツブルクで上演した、《トロヴァトーレ》《ボエーム》《フィガロの結婚》をカラヤン一座としてウィーンで上演することになった。カラヤンはこの公演で、《トロヴァトーレ》のマンリーコにパヴァロッティ、《ボエーム》のロドルフォにカレーラスを起用した。

ルチアーノ・パヴァロッティがカラヤンに初めて起用されたのは、一九六七年一月十六日の、ミラノ・スカラ座でのヴェルディのレクイエムだった。これはトスカニーニ没後十年記念コンサートで、映画監督アンリ＝ジョルジュ・クルーゾーによる映像作品にもなっている。

パヴァロッティのカラヤンのオペラへの出演は、七五年三月のザルツブルクのイースター音楽祭での《ボエーム》まで待たねばならないが、その前の七二年から七三年に同オペラをレコーディングしている。七〇年代半ばのパヴァロッティは国際的スターとなっていたので、カラヤンとしても呼びにくかったのかもしれない。だが、ウィーンへの帰還という勝負の公演に、帝王は「キング・オブ・ハイC」を求めた。

一方、ホセ・カレーラスは当時三十代になったばかりで、オペラ歌手としてはまだ「駆け出し」だった。カレーラスのカラヤンとの初共演は七六年のザルツブルク・イースター音楽祭でのヴェルディのレクイエムだ。その年の夏の音楽祭でも《ドン・カルロ》に、七七年のイースターで《ボエーム》に起用され、そのままウィーン公演にも出演したのだ。

パヴァロッティは以後カラヤンのオペラには出ないが、カレーラスはカラヤンの専属歌手のようになり、ザルツブルクでの《アイーダ》《カルメン》《トスカ》などに起用され、これらは録音されレコードになり、撮影もされてレーザーディスクやDVDになる。

カラヤンのウィーン復帰公演は大成功し、翌七八年春も行なわれることになった。七八年の《トロヴァトーレ》のマンリーコには、当初はフランコ・ボニゾッリが起用されたが、リハーサルでカラヤンと決裂した。ボニゾッリは小道具の剣をステージからピットに投げ捨てて去った。帝王暗殺未遂事件とでも言うべき非常事態だったがカラヤンは動ぜず、リハーサルをやり遂げた。しかし、本番はマンリーコ役抜きというわけにはいかない。カラヤンはあるテノール歌手を代役に決め、すぐにウィーンへ来るように求めた。

そのテノールはミュンヘンでクライバー指揮の《オテロ》に出て、続いてマドリッドで《マノン・レスコー》に出演したばかりで疲労困憊だった。それでも帝王のご指名とあらば仕方がない。彼はウィーンへ飛び、見事、代役を務めた。この年、三十七歳のプラシド・ドミンゴである。後のスーパースターもようやくトップ歌手の仲間入りをしたばかりだった。ドミンゴの飛躍のひとつが、七五年の夏のザルツブルク音楽祭のカラヤン指揮の《ドン・カルロ》だったので、その恩返しとも言える。

この時点で、後の「三大テノール」を起用していること、とくに駆け出しのカレーラスを抜擢していることは、歌手の才能を見抜く力においてカラヤンがいかに優れていたかが分かる。

八〇年代になってもカレーラスとカラヤンの蜜月は続いていた。だが、二人の共演は八六年夏の《カルメン》が最後となった。トラブルがあったのではない。八七年七月にカレーラスは体調を崩し、白血病と診断されたのだ。

カレーラスは最新医療のおかげで生還し、翌年には復帰コンサートに出演したが、オペラの舞台はまだ無理で、八八年春のザルツブルク・イースター音楽祭でのカラヤン指揮の《トスカ》のカヴァラドッシはキャンセルされた。カラヤンは他の歌手を起用したが、評判が悪かった。そこで八九年の公演ではパヴァロッティに来てもらい、大成功した。これが、カラヤンにとって最後のイースター音楽祭となった。

同年夏のザルツブルク音楽祭でカラヤンは《仮面舞踏会》を指揮することになっており、久しぶりにドミンゴが出ることが決まり、先に録音もすませていた。しかし、リハーサルが始まったところでカラヤンは急死し、代役にはゲオルク・ショルティが呼ばれた。

復帰したカレーラスを迎え、パヴァロッティとドミンゴとの三人による最初のコンサートが開かれたのは、カラヤンの死から一年後の一九九〇年七月、ローマのカラカラ浴場でのことだった。

パヴァロッティ、フレーニ他
カラヤン指揮、ベルリン・フィルハーモニー
プッチーニ：《ボエーム》
LONDON / POCL-2139/40

＊ルチアーノ・パヴァロッティ
イタリアのモデナで一九三五年に生まれた。六一年にレッジョ・エミーリア国際声楽コンクールで優勝。その美しい高音は「キング・オブ・ハイC」と称され、絶大な人気があった。二〇〇七年に亡くなった。

＊プラシド・ドミンゴ
スペインのマドリードで一九四一年に生まれた。バリトン歌手としてデビューしたがテノールへ転じ、卓越した演技力でも評価されている。指揮者

カレーラス、フレーニ他
カラヤン指揮、ウィーン国立歌劇場管弦楽団
ヴェルディ：《ドン・カルロ》
ORFEO / C876 133D
（1979年5月6日のライヴ）

ドミンゴ、カップッチッリ他
カラヤン指揮、ウィーン国立歌劇場管弦楽団
ヴェルディ：《トロヴァトーレ》
TDK / TDBA-0088
（1978年5月1日のライヴ）

としても活躍している。

＊ホセ・カレーラス

スペインのバルセロナで一九四六年に生まれた。生地の音楽院で学び、ヴェルディ国際声楽コンクールで優勝。白血病に冒されるが克服し、いまも活躍している。

＊参考文献

『ヘルベルト・フォン・カラヤン』リチャード・オズボーン著、木村博江訳、白水社
『ブラヴォー／ディーヴァ　オペラ歌手20人が語るその芸術と人生』ヘレナ・マテオプーロス著、岡田好惠訳、アルファベータ
『音楽への言葉』フリードヒ・グルダ著、前田和子訳、音楽之友社

Episode 17

ドイツとフランスの間で

シャルル・ミュンシュ
Charles Munch 1891–1968

指揮者

ミュンシュ指揮、ボストン交響楽団、他
ベートーヴェン：交響曲第９番、他
IMG Artists / 72435 75477 2 7

ミュンシュは二つの世界大戦を経験した世代だ。この世代は、自分の意思ではどうにもならない大きな力に翻弄されるが、ミュンシュの場合、生まれたのがフランス領になったりドイツ領になったりするアルザス地方だったため、さらに翻弄される。

シャルル・ミュンシュは、一八九一年にドイツ領アルザスのシュトラスブルク（ストラスブール）で生まれ、二十三歳になる年に第一次世界大戦が勃発するとドイツ兵のひとりとして戦った。しかし戦争が終わり故郷へ戻ると、そこはフランス領ストラスブールとなっていた。

第一次世界大戦後のミュンシュはドイツ国籍を選択し、一九二六年にライプツィヒのゲヴァントハウス管弦楽団に入り、コンサートマスターをつとめた。当時、このオーケストラを指揮していたのが、フルトヴェングラーでありワルターだ。

ミュンシュはいつしか指揮者になろうと考えるようになり、一九三二年に退団し、ドイツを去った。彼は台頭してくるナチスに胡散臭いものを感じ、嫌ったのである。ミュンシュがドイツを出てパリへ向かった直後の一九三三年一月にヒトラー政権が誕生するので、ミュンシュはいいカンをしていた。

当時のミュンシュはライプツィヒでは指揮の経験もあり、それなりに知られていたが、パリでは無名だった。どうやって自分のことをパリ音楽界に知らせたらいいのか。ミュンシュは自腹を切ってオーケストラを雇い、指揮者としてデビューすることにした。この演奏会が成功して、彼はいくつものオーケストラに招聘されるようになった。瞬く間にフランス有数の指揮者となったミュンシュは、ついに一九三七年にはパリ音楽院管弦楽団を指揮するようになった。

パリ音楽院管弦楽団は、現在のパリ管弦楽団の前身にあたる。学生オケのような名称だが、そうではなく、世界最高峰の音楽院であるパリ音楽院の教授や卒業生によるプロの楽団だ。フランス最高のオーケストラと言っていい。

フランス音楽界の頂点に到達したミュンシュを、ナチスが追いかけてきた。一九三九年九月、第二次世界大戦の勃発である。翌四〇年五月、ドイツ軍がフランスへ侵攻すると、六月にパリはあっさりと陥落し、フランスはドイツの占領下に置かれることになった。

ミュンシュはフランスを去ろうとした。しかし占領軍当局は、パリ音楽院管弦楽団の演奏活動を続けるよう求め、もしミュンシュが指揮を拒否するのであれば、後任にはドイツの若い指揮者を起用すると脅した。その若い指揮者とは、カラヤンだった。一九三八年にベルリン・デビューを成功させたカラヤンは、フルトヴェングラーの若きライバルとして頭角を現していたのだ。ミュンシュはカラヤンを嫌ったわけではないが、フランス音楽界をドイツから守るためにパリに留まることを決断し、毎週日曜日にパリ音楽院管弦楽団の演奏会を指揮し続けた。

ミュンシュは収入の多くを対独レジスタンスの運動に寄付しており、彼なりにドイツと闘っていた。しかし、外からはナチスに協力していたかのように見えた。戦後のフランスでは亡命した者が帰国すると、残留した者をナチス協力者だと批判した。占領下にあってパリの音楽を守り続けたミュンシュの業績は、ナチスに協力していたとの批判にかき消された。ミュンシュはパリにいづらくなる。

そんな時、アメリカのボストン交響楽団から、セルゲイ・クーセヴィツキーの後任の音楽監督のポストを打診された。一九四九年、五十八歳になるミュンシュは新天地を求めてボストンへ向かった。ボストン時代は、ちょうどLPレコードの黎明期にあたり、ミュンシュはこのオーケストラと数多くの録音を遺すことができた。

ミュンシュのボストン時代は一九六二年をもって終わった。ミュンシュは七十歳となり、もう常任指揮者の仕事をする気はなく、以後はフリーランスの指揮者として活躍していた。

六〇年代半ば、フランスではド・ゴール政権で文化大臣となっていたアンドレ・マルローの発案で国威発揚政策のひとつとして、パリ音楽院管弦楽団を発展的に解消しパリ管弦楽団が創設された。ミュンシュは七十六歳と高齢だったが、その初代音楽監督に就任した。

パリ管弦楽団の最初の演奏会は一九六七年十一月四日で、ドビュッシーの《海》と、ベルリオーズの《幻想交響曲》等が演奏された。このお披露目の演奏会に先立ち、十月二十三日から二十六日にかけて、《幻想交響曲》はレコーディングもされた。

六八年十一月、パリ管弦楽団は創立一周年記念のアメリカ・ツアーに出かけた。指揮者はもちろん、ミュンシュだ。しかし、ツアー中の十一月六日、ミュンシュは心臓発作で急逝した。七十七歳だった。パリ管弦楽団は一年にして音楽監督を喪った。その後任として「音楽顧問」となったのは、なんとカラヤンだった。フランスの国威発揚のために創設した楽団を元ナチス党員カラヤンに委ねることに反対の声もあったが、適任と見られたブーレーズはマルローと犬猿の仲だったので、消去法でカラヤンに打診されたのだ。

かつてドイツ占領下、カラヤンが来るなら自分が振るとパリに留まったミュンシュが知ったら、どう思ったであろう。

＊シャルル・ミュンシュ
ドイツ領時代のシュトラスブルク（現・フランスのストラスブール）で音楽家一家の子として生まれた。生地の音楽院とパリ音楽院で学び、ヴァイオリニストとなった。ライプツィヒのゲヴァントハウス管弦楽団のコンサートマスターとなるが、指揮者への転向を決意し、三二年にパリで指揮者デビュー。三七年にパリ音楽院管弦楽団首席指揮者に。コンセール・コロンヌ、フランス国立管弦楽団、ボストン交響楽団、パリ管弦楽団で首席指揮者等を務めた。六八年、アメリカ・ツアー中に亡くなった。

＊参考文献
『指揮者という仕事』シャルル・ミュンシュ著、福田達夫訳、春秋社
『Charles Munch』D. Kern Holoman 著、Oxford University Press

Episode
18

鋼鉄のピアニスト

エミール・ギレリス
Emil Gilels 1916–1985

ピアニスト

ギレリス（ピアノ）
ベートーヴェン：ピアノ・ソナタ第29番《ハンマークラヴィーア》
Deutsche Grammophon / POCG-1226 410 527-2

一九三二年秋、世界的ピアニスト、アルトゥール・ルービンシュタインはソ連へ演奏旅行をした。ウクライナのオデッサでは、演奏会の後、音楽院の教授に頼まれ、ひとりの少年の演奏を聴いた。少年がベートーヴェンの《熱情》ソナタを弾き始めると、ルービンシュタインは最初の数小節を聴いただけで、天才だと見抜いた。

その少年の名はエミール・ギレリス――この年、十六歳。すでに地元オデッサではピアノの天才少年として知られていたが、ソ連国内ではまだ無名に近い。同じオデッサに住むギレリスの一歳上のスヴャトスラフ・リヒテルは、さらに無名だった。なにしろリヒテルはこの時のルービンシュタインの演奏を聴いて啓示を受け、ピアニストになろうと決意したのだ。

ルービンシュタインに認められたことで自信を持ったギレリスは、翌三三年の第一回全ソ連ピアノ・コンクールに出場し優勝した。最終選考会に臨席していた最高権力者スターリンはギレリスを呼ぶと、「モスクワ音楽院に入りたまえ。住居など勉強のためのあらゆる便宜がはかられるよう手配しよう」と言った。しかし、この少年は最高権力者に向かい、堂々と、「いいえ、僕はまだモスクワへは行きません。オデッサ音楽院を卒業します」と言った。スターリンは、この少年の独自性と勇気を評価した。

ギレリスがモスクワ音楽院に入るのは三五年のことで、ゲンリヒ・ネイガウスに師事した。


大戦中の一九四一年、ネイガウスが逮捕された。この時期のソ連では、多くの人が理由もなく逮捕され粛清されていた。大ピアニストであるネイガウスの命は風前の灯火となった。巻き添えになるのを恐れ、誰もが沈黙した。しかし、ギレリスは違った。

クレムリンでスターリンの前で演奏するよう命じられたギレリスは終演後、スターリンに「私の恩師が不当にも逮捕されました。釈放してください」と直訴した。スターリンは「そんな話はするな」と取り合わなかった。

数カ月後、またもクレムリンで、今度は英国のチャーチル首相を招いての演奏会があった。

スターリンは機嫌がよかった。ギレリスを呼び寄せると、「ヒトラーにはゲッベルスがいるが、私にはギレリスがいる」とチャーチルに紹介した。ギレリスはすかさず、ネイガウスの釈放を求めた。チャーチルの手前、スターリンは無視できない。ネイガウスの釈放を指示した。

かくして、ネイガウスは助かった。

「スターリン」は「鋼鉄の人」という意味のニックネームだが、ギレリスもまた「鋼鉄のピアニスト」と称された。それはピアノのタッチが鋼鉄のようだという意味ではあるが、彼の意思もまた鋼鉄のごとき強さを持っていた。

一九五八年、モスクワで第一回チャイコフスキー国際コンクールが開催された。スターリンが亡くなり、ソ連はフルシチョフによる「雪解け」の時代となっていた。東西冷戦は緊張緩和へ向かい、ソ連は文化交流に積極的になり、モスクワへ世界中の若者を呼んで音楽コンクールを開催することにしたのだ。ソ連が開かれた国であるとアピールするとともに、ソ連の音楽教育のレベルを世界中に示すのが目的だ。当然、ソ連の若者が優勝するはずだった。スポーツと異なり、演奏の優劣はかなり主観的なものだ。審査員次第でどうにでもなる。

だが政権にとって思いもよらぬ事態が発生した。アメリカからやって来たヴァン・クライバーンという青年が、その甘いルックスもさることながら、圧倒的な腕前だったのだ。聴衆からも絶大な支持を得た。もちろん、素人の聴衆と専門家である審査員とで見解が異なってもかまわない。だが、審査員のひとりリヒテルが、二次選考に残った二十名のうち、クライバーンには満点を投じ、十五名には〇点を投じた。この話に尾鰭(おひれ)がついて、リヒテルはクライバーン以外の全員に〇点を付けたという伝説が生まれたが、正確には十五名のようだ。

審査委員長のギレリスは当惑しつつ、点数の付け方を説明した。しかしリヒテルは平然と、「好きになれない演奏には点数を付けようがない」と言い放った。リヒテルもまた信念の人だった。

リヒテルにも手を焼いたが、ギレリスはもっと大きな問題を抱えていた。クライバーンの評判が高まるにつれ、ギレリスは文化大臣に何度も呼ばれ、アメリカ人を優勝させるな、最悪でもソ連からの参加者と二人を一位にしろと圧力をかけられた。

ギレリスも、優勝はクライバーンしかいないと考えている。彼は恩師ネイガウスの釈放を実現したように、意思が強いだけでなく交渉能力にも長けていた。かつてスターリンと直談判したように、当時の最高権力者であるフルシチョフ首相に面会を求め、「クライバーンというアメリカ人を優勝させたい」と伝えた。フルシチョフは、「そいつが、いちばんうまいのか。それなら、そいつにやれ」と許可した。

かくしてクライバーンが優勝し、アメリカは熱狂した。ソ連の音楽ファンも熱狂した。ソ連という国の評価も高まり、チャイコフスキー国際コンクールの権威も確立された。

リヒテルは審査員たちが熱心に「採点方法」を教えたので、最終選考では極端な採点はしなかったという。しかし、彼は以後、審査員は引き受けなかった。

クライバーン（ピアノ）、コンドラシン指揮、他
チャイコフスキー：ピアノ協奏曲第1番、他
RCA / BVCC-37423

＊エミール・ギレリス

ロシア帝国領だったウクライナのオデッサで一九一六年に生まれた。五歳からピアノを始め、十三歳で初リサイタル。生地の音楽院で学び、三三年に全ソ連ピアノ・コンクールで優勝。モスクワ音楽院へ進む。ウィーン国際ピアノ・コンクールで二位、ウジェーヌ・イザイ（現・エリザベート王妃）国際コンクールで優勝。五五年にアメリカ・デビューし衝撃を与えた。「鋼鉄のピアニスト」と称される。八五年に亡くなった。

＊参考文献

『エミール・ギレリス　もうひとつのロシア・ピアニズム』グリゴーリー・ガルドン著、森松皓子訳、音楽之友社
『ピアニストが語る！　現代の世界的ピアニストたちとの対話』焦元溥著、森岡葉訳、アルファベータ

Episode
19

永遠の恋人、ウィーン

ヘルベルト・フォン・カラヤン
Herbert von Karajan 1908–1989

指揮者

カラヤン指揮、ウィーン・フィルハーモニー
ブルックナー：交響曲第7番
Deutsche Grammophon / 429-226-1
（カラヤンの最後の録音）

カラヤンが生まれ育ったザルツブルクから大学で学ぶためにウィーンへ「上京」したのは、一九二六年、十八歳の年だ。この時期のカラヤンは毎日のように国立歌劇場の天井桟敷に通っていたという。当時はフランツ・シャルク、リヒャルト・シュトラウス、クレメンス・クラウス、ロベルト・ヘーガー、カール・アルヴィンらが交互に振っていた。

二八年、卒業が近づくと、カラヤンは国立歌劇場から専属練習指揮者にならないかと誘われた。練習指揮者という下積みから始めて、やがて指揮者になるというのが、通常の指揮者のコースだった。だがカラヤンは世界一の歌劇場の末端ではなく、どこか小さな都市でいいから、歌劇場の指揮者になる道を模索し、見事にウルムの市立劇場に職を得た。

カラヤンはウルムで活躍したのちにアーヘンへ移ると、市の音楽総監督となりオペラとコンサートを任され、そこでも成功した。その評判を聞いたウィーン国立歌劇場が、カラヤンを招聘したのは一九三七年のことである。カラヤンのウィーン・デビューは大作《トリスタンとイゾルデ》で、リハーサルなしのぶっつけ本番で臨み、成功した。これを受けて国立歌劇場はカラヤンを常任指揮者のひとりとして雇おうとしたが、カラヤンはアーヘン市の音楽総監督の座にあり続けることを選び、断った。

カラヤンがウィーン国立歌劇場の誘いを断るのは、これが二度目だった。最初は専属の練習指揮者の仕事を、次は常任指揮者のひとりという仕事を断った。彼が望んでいたのはもっと上のポストだったのだ。


三七年の次にカラヤンがウィーン国立歌劇場に現れるのは、十九年後の一九五六年六月十二日のことだった。その間に戦争があり、戦後の混乱があり、そしてフルトヴェングラーの死があった。カラヤンがウィーンに来たのは、ミラノ・スカラ座の引っ越し公演を指揮するためだった。演目は《ランメルモールのルチア》で主役はマリア・カラスだ。

偶然にも、この年の三月七日にカール・ベームが国立歌劇場総監督を辞任すると正式に決まり、オーストリア政府が後任選びをしている最中だった。

十二日の《ルチア》は成功した。そして十四日朝、九月一日からカラヤンが国立歌劇場藝術監督になると発表された。もっとも、ベルリンやスカラ座での仕事がすでに決まっていたので、カラヤンが実際に指揮するのは五七年四月からとなった。

一九五七年一月十六日、すでに引退していたトスカニーニがニューヨークで亡くなった。カラヤンはたまたま十九日と二十日にウィーン交響楽団のコンサートを振ることになっていたので、ウィーンにいた。そこで十七日、国立歌劇場で《サロメ》が上演される前にカラヤンがピットに現れ、トスカニーニ追悼のためにモーツァルトの《フリーメイソンのための葬送音楽》を指揮した。追悼演奏なので盛大な拍手は湧かなかったが、カラヤンがあの大指揮者トスカニーニの後継者だと人々に思わせるのには十分な演出効果があった。

そして四月二日、自ら演出も担った《ワルキューレ》でカラヤンのウィーン時代、ウィーンのカラヤン時代は本格的にスタートした。この五〇年代後半から六〇年代にかけては、ベルリンはカラヤンにとって「第二の都市」でしかない。


どんなものも始まりがあれば終わりがある。カラヤンのウィーン時代は、一九六四年六月に唐突に終わった。カラヤンは政府を巻き込んでの歌劇場内の政争に敗れ、辞任に追い込まれたのだ。六月十七日のリヒャルト・シュトラウスの《影のない女》がカラヤンの歌劇場での最後の指揮で、二十日と二十一日にウィーン・フィルハーモニーのコンサートを指揮すると、カラヤンはこの都市と決別した。

国立歌劇場とは絶縁したカラヤンだったが、この歌劇場のオーケストラの自主組織であるウィーン・フィルハーモニーとは良好な関係を保ち続け、ザルツブルク音楽祭ではその後も共演した。このあたり、カラヤンもウィーンの人々も、ともにしたたかだった。

カラヤンが辞任後初めてウィーンで指揮するのは、六年後の七〇年六月のベルリン・フィルハーモニーのウィーン公演だった。さらに五年後の七五年六月に、カラヤンはようやくウィーンで、ウィーン・フィルハーモニーのコンサートを指揮した。こうした地ならしをした上で、七八年のウィーン国立歌劇場への帰還となる。

一九八〇年代に入り、ベルリン・フィルハーモニーとの関係がぎくしゃくしてくると、カラヤンはウィーン・フィルハーモニーと共演、録音する機会が増えた。この二つの名オーケストラはカラヤンにうまく操られ、競わされたとも言える。

一九八九年春、ついにカラヤンはベルリンと決別した。その後はウィーン・フィルハーモニーとのみ演奏するつもりで、日本ツアーも決まっていた。日本へは、バーンスタインも同行し、ひとつのコンサートを前半と後半とに分け合うことまで話された。

だがカラヤンの「第二のウィーン時代」は到来しなかった。八九年七月、カラヤンは急死するのだ。

カラヤンにとってウィーンは、互いに惹かれ合いながらも生涯の伴侶とはならなかった恋人、とでも言えばいいのだろうか。

＊ヘルベルト・フォン・カラヤン
43ページ参照

＊参考文献
『カラヤンとウィーン国立歌劇場　1956―1964』フランツ・エンドラー、カール・ミヒャエル・フリットフム解説、浅野洋訳、アルファベータ
『ヘルベルト・フォン・カラヤン』リチャード・オズボーン著、木村博江訳、白水社

Episode
20

見えない師弟関係

ベルナルト・ハイティンク
Bernard Haitink 1929–

指揮者

ハイティンク指揮、ロンドン交響楽団
ショスタコーヴィチ：交響曲第１番、第６番
DECCA / POCL-2414

ハイティンクの故国オランダは、第二次世界大戦が始まると、一九四〇年五月にドイツ軍に占領された。アムステルダム市の電気・ガス局の局長だった父は、占領直後に逮捕され強制収容所に入れられた。三カ月後に釈放されたものの、別人のように痩せ細っていたという。

オランダは亡命政権がロンドンにあり、国内はナチスが支配するという、複雑な状況に置かれた。国民は心の中ではナチスを憎んでいたが、目の前にいる権力者には従わなければ生きていけない。ハイティンクの父は市の仕事を続けながら、いつ再逮捕されるか分からない不安な日々を過ごし、それは息子ベルナルトも同じだった。

大戦中もオランダに留まってアムステルダムのコンセルトヘボウ管弦楽団（現・ロイヤル・コンセルトヘボウ管弦楽団）を指揮していたのは、巨匠ウィレム・メンゲルベルクである。一八九五年に二十四歳にして首席指揮者となり、以後、ニューヨーク・フィルハーモニックとの兼任時代もあったが、半世紀にわたりこのオーケストラを指揮していた。メンゲルベルクは音楽家という範疇を超えた国民的名士となっていた。その彼がドイツ占領下のオランダに留まったことは、ナチスにとっては自らの正当性をアピールできる好材料だった。メンゲルベルクは外から見れば、ナチスの宣伝塔だった。

ベルナルト・ハイティンクは親も親戚も音楽家ではないので、幼少期は音楽とは縁がない。しかし九歳になった年、突然に自分からヴァイオリンを習いたいと言い出した。これが後の大指揮者のキャリアの始まりである。

両親は戸惑いつつも、どうせならいい教師につかせようと考え、コンセルトヘボウ管弦楽団のヴァイオリニストのひとりに頼んだ。家がコンセルトヘボウ（音楽ホール）から五百メートルほどのところにあったので、以後、この少年は演奏会へ通うようになる。

音楽を学び始めた最初期、九歳から十歳のハイティンクが聴いた演奏会のなかに、メンゲルベルクが指揮したバッハの《マタイ受難曲》やチャイコフスキーの《悲愴》交響曲がある。この音楽体験でハイティンクは指揮者になろうと決意したというのが、ひとつの「伝説」として語られている。もっとも、彼が感銘を受けたのは、メンゲルベルクの名演として知られる《マタイ受難曲》ではなく、《悲愴》のほうだった。これは指揮者になってからのハイティンクのレパートリーを考えると興味深い。九歳か十歳の時点で好みの音楽は決まっていたのだ。

ナチス占領下のコンセルトヘボウの演奏会は、客の大半がドイツ軍の将校たちだった。ハイティンク少年は両親から「メンゲルベルクの演奏会には行くな」と言われていたにもかかわらず、通い続けた。彼にもドイツへの嫌悪と憎悪はあったが、それよりも音楽への思いのほうが強かったのだ。

このように少年期に最も多く聴き、その指揮ぶりも目にしていたわけだから、直接師事していないが、メンゲルベルクはハイティンクを指揮者へと導いた恩師と言えなくもない。だが、後のハイティンクのレパートリーの中心に位置するマーラーについては、メンゲルベルクは何の影響も彼に与えなかった。

コンセルトヘボウはグスタフ・マーラーとは縁の深いオーケストラで、メンゲルベルクもマーラー作品をよく演奏していた。一九二〇年にはマーラー音楽祭を開き、全交響曲を演奏したほどだ。しかし、ナチス占領下になると、ユダヤ人だったマーラーの作品を演奏しなくなる。楽団からユダヤ人演奏家が追放されるだけでなく、亡くなった大作曲家の作品まで追放されたのだ。メンゲルベルクはナチスのこのような音楽政策に何も逆らわずに従った。

後にマーラー作品を何度も録音するハイティンクだが、こういう事情で戦争が終わるまでレコード以外では聴けなかった。ただ、ワルターの《大地の歌》はレコードで戦中に聴いていた。

ナチスが敗北すると、メンゲルベルクはナチス協力者だとして糾弾され、その座を追われた。フルトヴェングラーやカラヤンは一九四七年までに復権したが、メンゲルベルクは復権できない。フルトヴェングラーはナチスに協力したが故国ドイツを裏切ってはいない。メンゲルベルクはナチスに協力し故国オランダを裏切ったことになるので、赦されないのだ。ようやく五二年に復権することが決まるが、それを待たずに五一年に亡くなる。


メンゲルベルクが追放された後、コンセルトヘボウの首席指揮者にはエドゥアルト・ファン・ベイヌムが就いて、一九四五年七月二十九日に戦後最初の演奏会が開かれた。この時はベートーヴェンやドビュッシー、チャイコフスキーが演奏されたが、オーケストラに手応えを感じたベイヌムは、その四日後にはマーラーの《復活》を演奏した。ハイティンクが生で聴いた、最初のマーラーだった。その後、四七年十月にはブルーノ・ワルターが客演して第一番を指揮している。

一九六一年、ベイヌム急死を受けて、ハイティンクはいくつもの偶然と幸運から三十二歳にしてコンセルトヘボウの首席指揮者（オイゲン・ヨッフムとの二頭体制）になった。そして、マーラー作品を次々と演奏、録音していくのである。

＊ベルナルト・ハイティンク

オランダのアムステルダムで一九二九年に公務員の子として生まれた。生地の音楽院でヴァイオリンを学び、オランダ放送フィルハーモニーへ入団した。五四年から指揮を学び、五五年に同楽団の次席指揮者、五七年から首席指揮者となる。以後、六一年にアムステルダム・コンセルトヘボウ管弦楽団の首席指揮者となり、世界的指揮者のひとりに。ロンドン・フィルハーモニー、グラインドボーン音楽祭、ロイヤル・オペラ・ハウス、EUユース管弦楽団、シュターツカペレ・ドレスデン、シカゴ交響楽団の音楽総監督などを務める。

＊参考文献

『マエストロ』第Ⅲ巻　ヘレナ・マテオプーロス著、石原俊訳、アルファベータ
『指揮者の役割　ヨーロッパ三大オーケストラ物語』中野雄著、新潮社

Episode
21

「冷戦後」の象徴

クラウディオ・アバド
Claudio Abbado 1933–2014
指揮者

アバド指揮、ベルリン・フィルハーモニー
マーラー:交響曲第１番
Deutsche Grammophon / 429-226-1

二〇一四年は、一月にクラウディオ・アバド、七月にロリン・マゼールと同世代の大物指揮者が相次いで亡くなった。使い古されたフレーズを使えば、「ひとつの時代の終焉」だった。では、いったい、その「ひとつの時代」とはどんな時代だったのだろう。

クラウディオ・アバドは音楽に満ち溢（あふ）れた家庭に生まれた。父はヴァイオリニストにして音楽学者、母は作家でありピアニスト、兄はピアニスト——そんな家である。しかし、アバドがピアノを母から学び始めたのは八歳からだった。彼は神童ではなかったのだ。

アバドは少年時代が第二次世界大戦と重なる。母はユダヤ人少年を匿ったとして逮捕・投獄され、父は生活のためにラジオ番組で演奏していたため反ムッソリーニ派から批判された。国家そのものが正常さを失っている時代には、正常な感覚を持ち、普通に生きようとしても批判される。そんな理不尽さを、彼は少年時代に両親を通して知った。

自分も辛い思いをしたからか、父はアバドが音楽家になることに反対した。しかし母は賛成してくれ、ヴェルディ音楽院への入学が決まる。父が反対したのは息子に音楽家としての才能があるとは思えなかったからだ。アバド当人も自分は十六歳までは「眠っていた」と認めている。彼は天才少年でもなかったのだ。

アバドはミラノのヴェルディ音楽院でピアノと指揮、作曲を学び、二十一歳で卒業すると、ウィーンの音楽院へ入る。そこでは、シエナでのマスタークラスで知り合い、親友となったズビン・メータが待っていた。当時のウィーンでは、音楽院での勉強もさることながら、国立歌劇場やウィーン・フィルハーモニーの公演とそのリハーサルを体験することが勉強となった。クリップス、ベーム、そしてカラヤンが振っていた時代である。

一九五八年にウィーンの音楽院を卒業した時点で、アバドはメータと並び、将来有望な若手と認識されていたという。アバドの才能はようやく開花した。

指揮者となったアバドにとっての大きな飛躍は一九六五年のザルツブルク音楽祭だった。アバドがベルリン放送交響楽団を指揮したのを、たまたまカラヤンが聴いており、才能を認め、ザルツブルク音楽祭に招聘したのだ。オーケストラはウィーン・フィルハーモニーだ。演奏する曲を選ぶ権利はアバドにあり、彼はマーラーの《復活》交響曲を選んだ。大曲である。しかも、ザルツブルクではまだ一度も演奏されたことがない。マーラーなんて演奏しても誰も客が来ないと、周囲は反対したが、アバドは押し切った。

この無謀とも思われたマーラーで、アバドは成功した。この時まで国際的には無名に近かったのに、たちまち各地のオーケストラから客演の依頼があり、翌一九六六年にはスカラ座でオペラ指揮者としてもデビュー、六八年にはザルツブルク音楽祭で《セビリアの理髪師》を振った。アバドはポスト・カラヤン世代のひとりとなった。

一九八九年四月、カラヤンは西ベルリン市に対しベルリン・フィルハーモニーの藝術監督を辞任すると伝えた。数年前からカラヤンとの関係が悪化していたので、オーケストラは慰留せず、後任の藝術監督選びに入った。この楽団は楽団員の投票で藝術監督を決める。当時の噂では、マゼールが最有力候補とされ、当人もその気になっていたという。マゼールはアバドとは逆に、神童から天才少年コースを歩んだ音楽家だ。八歳にしてニューヨーク・フィルハーモニックを指揮しているのだ。

　十月七日はドイツ民主共和国（東ドイツ）の建国記念日だった。八九年は建国の一九四九年から四十周年というめでたい年で、東ベルリンでは政府によって動員された大衆によるパレードが盛大に行なわれた。その翌日、西ベルリンではベルリン・フィルハーモニーが記者会見を開き、カラヤンの後任にアバドが決まり、翌一九九〇年秋に就任すると発表した。この決定にはアバド当人が驚いたというが、もっと驚いたのはマゼールだった。自分が選ばれるものと思い込んでいたので、神童として人生をスタートさせた彼にとって大きな挫折となった。以後マゼールはこのオーケストラには十年後の一九九九年まで客演しなかった。

　ベルリン・フィルハーモニーの新しい藝術監督が決まった一カ月後の十一月九日、ベルリンの壁が崩壊した。この八九年秋から九〇年夏までのシーズンは、アバドではなくバレンボイムが実質的な首席指揮者として活躍していた。壁の崩壊直後の十一月十二日に、バレンボイムとベルリン・フィルハーモニーは東ベルリン市民を無料で招待するコンサートを開いた。九〇年春にはベルリン・フィルハーモニー初のイスラエル公演も実現した。これはカラヤンがいたのでは不可能だった。

　そして一年後の九〇年十月三日、ドイツは再統一された。ベルリンの壁崩壊から僅か一年である。ベルリン・フィルハーモニーの新時代とドイツの新時代は、同時期にスタートした。

アバドの時代とは、ポスト・カラヤン時代でもあり、ポスト冷戦時代でもあった。そしてアバドやマゼールが亡くなったいま、世界各地ではテロや紛争が激化している。

マゼール指揮、ベルリン・フィルハーモニー
ワーグナー管弦楽曲集
RCA / 09026 63143 2

＊クラウディオ・アバド

イタリアのミラノの音楽家一家で一九三三年に生まれた。ミラノのヴェルディ音楽院でピアノと指揮、作曲を学び、ウィーン音楽院へ入る。五九年に指揮者としてデビュー。スカラ座、ロンドン交響楽団、EUユース管弦楽団、シカゴ交響楽団、ウィーン国立歌劇場、ベルリン・フィルハーモニー、ルツェルン祝祭管弦楽団で音楽監督等を歴任した。二〇一四年に亡くなった。

＊参考文献

『アッバード、ベルリン・フィルの挑戦』クラウディオ・アッバード語り、リディア・ブラマーニ編、辻野志穂訳、音楽之友社
『マエストロ』第Ⅱ巻　ヘレナ・マテオプーロス著、石原俊訳、アルファベータ
『ベルリン・フィルハーモニーとクラウディオ・アバド』（写真集）、アルファベータ

Episode 22

知られざる名勝負

アルフレッド・ブレンデル
Alfred Brendel 1931–

指揮者

ブレンデル（ピアノ）
シューベルト：即興曲　作品90、作品142、他
PHILIPS / PHCP-10539

一九六〇年代のウィーンで活躍していた三人の若手ピアニストは、日本では「三羽鴉（がらす）」と呼ばれた。フリードリヒ・グルダ、イェルク・デームス、パウル・バドゥラ＝スコダである。この三人と親しくしていながら、当時はあまり注目されていなかったのがブレンデルだった。

一九三一年に生まれたアルフレッド・ブレンデルは、ナチス時代に少年期を過ごした世代である。チェコ領だった北モラヴィア地方に生まれ、学校に入る年に両親とともにクロアチアのザグレヴへ移り、ピアノもその頃から始めた。親戚にはナチ党員もいたが、その一方で伯父がゲシュタポに殺されてもいる。少年時代について彼は「嫌というほど、不条理な経験をしまし

た。クロアチア人のファシスト、ナチス、戦争の順にやってきました」と振り返っている。

戦争末期の一九四三年に、ブレンデル家はオーストリアのグラーツに移った。そして戦争が終わり、一九四七年、十六歳のブレンデルはピアノを学ぶためにウィーンへ向かった。

ブレンデルは、「自分はウィーンではアウトサイダー」だったと語っている。同世代の他の青年たちよりも遅れているとも感じていた。ウィーン音楽界に直接の知り合いがなく、つまり、師弟関係を結んだ音楽教師がいないため、そういう人間関係の外にいたのだ。

実際、ウィーン音楽界の中心人物のひとり、コンツェルトハウス協会事務局長で国立歌劇場の副監督だったエゴン・ゼーフェルナーは、回想録でブレンデルについて「私には、いくぶんよそもののような存在」で、デームスやバドゥラ＝スコダのように「デビュー早々、大きな反響に取り囲まれることはなかった」と記している。

そんなブレンデルと最初に親しくなった同業者が、バドゥラ＝スコダだった。そして、彼を通じてデームスとも親しくなる。しかし、ブレンデルは、同世代で最も有名なグルダとは親しくならなかった。ブレンデルはグルダの過激な言動に反感を抱いていたのだ。

そして同世代のもうひとりの世界的「異端のピアニスト」も、ブレンデルは評価しない。

「私にとってグールドはなってはいけない演奏家の典型でした。エキセントリックで、何がなんでも作曲家の意図や作品の性格に反することをしようとする人でした」と評す。

一方のグールドは、「ブレンデルの弾く（モーツァルトの）協奏曲は、私が聴いたなかではいちばんだと思います。熱と愛情がほどよく混じり合っている点で、あれ以上のものはまったく想像できません」と語っている。もっとも、グールドはモーツァルトそのものに「彼の死は早すぎたというより遅すぎた」と語り、「感銘を受けたことはない」とまで言っているので、ブレンデルへの賛辞も皮肉かもしれない。だいたい、演奏そのものではなく、「熱」と「愛情」が「ほどよく」「混じり合っている」点を評価しているのだ。

ブレンデルはグールドの自分への評価を読んでおり、「彼はとても親切なことを書いてくれ、私のモーツァルトの録音を誉めてくれた」と語っているが、これもまた皮肉かもしれない。

ブレンデルとグールドは、一度だけだが会ったことがある。一九五七年にグールドがヨーロッパ・ツアーをした時のことだ。グールドはソ連での演奏の後、ベルリンとウィーンでもコンサートを開いた。そのウィーン滞在中にバドゥラ＝スコダの家で会ったのだ。その場にはデームスもいたというから、四人の同世代のピアニストが集まったことになる。

バドゥラ＝スコダの家には当然のことだが、ピアノがあった。グールドは、エルンスト・クルシェネクやアルバン・ベルクの曲を弾いた。当時のグールドが夢中になっていた曲で、直前のソ連公演でも弾いている。しかしブレンデルは、「リズムを譜面通りに付点リズムで弾いていない」と指摘した。

次にバドゥラ＝スコダがブレンデルが弾くベートーヴェンの《ハンマークラヴィア・ソナタ》の録音を聴かせると、グールドは「譜面にないオクターヴで弾いている」と指摘した。まるで剣豪同士の勝負みたいな雰囲気だが、いかにも才気ある若者たちらしい光景でもある。この年、ブレンデルは二十六歳、グールドは二十五歳。

この時のことを振り返り、ブレンデルは「グールドはとても感じのいい格好のいい青年」だったと語るが、ようするに、その音楽については誉めていない。

グールドを誉める人たちは、その個性とユニークな解釈を絶賛する。そういう人は、ブレンデルに言わせると、「書かれた譜面を理解し、その内容に忠実に演奏することを想像力に欠ける、退屈なことだと思っている」。

しかし、ブレンデルは宣言するのだ。

「あえて申し上げたい。譜面を正確に読むことは極めて難しい仕事です」

グールドは、このヨーロッパ・ツアーから七年後の一九六四年にコンサート活動を止めてしまい、一九八二年に五十歳で亡くなった。一歳上のブレンデルは二〇〇八年までコンサートを続けたが、引退を宣言した。

ウィーンのアウトサイダーとしてピアニスト人生を始めたブレンデルは、しかし、ピアノの世界全体ではアウトサイダーにはならなかったのだ。

グールド(ピアノ)
ベートーヴェン:ピアノ・ソナタ第30番、第31番、第32番
Sony BMG / 88697147482

＊アルフレッド・ブレンデル
チェコスロヴァキアのヴィーゼンベルク(現・ロウチュナー・ナド・デスノウ)で一九三一年に生まれた。ユーゴスラヴィア(現・クロアチア)のザグレヴ、オーストリアのグラーツで学んだ後、四七年にウィーンへ出て、四九年にブゾーニ・コンクールで四位となる。ドイツ・オーストリア音楽の王道を得意とした。二〇〇八年に引退。

＊参考文献

『対話録「さすらい人」ブレンデル　リストからモーツァルトへの道程』マルティン・マイヤー著、岡本和子訳、音楽之友社
『ウィーン　わが都　ウィーン音楽界回想録』エゴン・ゼーフェルナー著、山崎睦訳、音楽之友社
『グレン・グールド著作集1　バッハからブーレーズへ』ティム・ペイジ編、野水瑞穂訳、みすず書房

Episode 23

映画からクラシックへ

アンドレ・プレヴィン
André Previn 1929–

指揮者、作曲家

プレヴィン指揮、シカゴ交響楽団
ショスタコーヴィチ：交響曲第5番、他
EMI X Tower Records/ Excellent Collection / QIAG-50107

アンドレ・プレヴィンは作曲家でありピアニストであり、指揮者でもある。さらにはクラシック音楽に限らず、ジャズも弾けば映画音楽も作曲した。だから彼は「現代のモーツァルト」と讃えられてもおかしくはない。だが、不幸なことに、アメリカにはプレヴィンのように作曲し指揮もすればピアノも弾く大音楽家、「二十世紀のモーツァルト」のような人が、すでにいた――レナード・バーンスタインである。

スーパースターであるバーンスタインの前には、誰もが霞んでしまう。なにしろ、二十世紀最大のピアニストであるホロヴィッツは、バーンスタインから何度も共演を持ちかけられたが、

「君のほうが目立つから、いやだよ」と断り続けたというのだ。

プレヴィンは「アメリカの音楽家」として知られているが、ベルリンでユダヤ系ロシア人として生まれた。生年は一九二九年なので、ナチス政権が確立した一九三三年に四歳になる。この音楽家もまた、ヒトラー率いるナチスによって人生が変わったひとりだった。

プレヴィンの父は弁護士だったが、アマチュアのピアニストでもあった。家庭では室内楽が演奏され、コンサートにも幼い頃から連れて行ってもらっていた。彼が覚えている最初のコンサート体験はフルトヴェングラーが指揮するベルリン・フィルハーモニーの演奏会で、ブラームスを聴いた。五歳の時だったというから一九三四年であろう。

プレヴィンはそのフルトヴェングラーのブラームスに、総毛立つほど感動した。そして、自分も音楽家になると決意する。この音楽家もまた、フルトヴェングラーによって音楽の啓示を受けたひとりだった。その前後からプレヴィンはピアノを習い始めた。

父親は、プレヴィンが六歳になるとそろそろオペラも見せようと考えた。あまり長いものは子どもには退屈だろうと、一幕ものを選び、連れて行った。リヒャルト・シュトラウスの《サロメ》だった。はたしてこの官能的なオペラを六歳の子が見てどこまで理解できたのか。

「聴く」ことでも音楽の英才教育を受けながら、プレヴィンは育った。しかし、ナチス政権下、ユダヤ系ロシア人の弁護士がベルリンで生活できるはずがなく、プレヴィン一家は全財産をドイツに残したまま、命を守るためにパリへ出た。プレヴィンは十歳にしてパリ音楽院に合格し、オルガニストで作曲家のマルセル・デュプレに師事した。

ナチスはパリにまで追いかけてきた。第二次世界大戦が勃発すると、フランスは敗退、パリはナチス・ドイツの占領下に置かれた。プレヴィン一家は、親しくしていたヴァイオリニスト、ヤッシャ・ハイフェッツが手引きしてくれてアメリカへ渡った。

プレヴィンがクラシックの音楽教育を受けたのは、パリにいた頃までだった。父の弁護士資格はドイツでしか通用しないものだったので、プレヴィンは少年時代から、生活のために音楽の現場で働くようになった。ここが、他のクラシックの音楽家と異なるところだ。彼は基礎教育は受けていたが、ハイフェッツのような神童から天才少年というコースは歩まない。デパートでピアノのデモンストレーションをしたり、サイレント映画の映画館で演奏したり、ジャズクラブでもピアノを弾いた。すべて生活のためだった。

そして十四歳にして、映画会社MGMのスタジオで映画音楽のオーケストレーションの仕事をするようになり、十八歳で映画音楽の作曲もする。兵役をはさみ、ハリウッドで十年ほど働いた。一九五〇年代はハリウッドの黄金時代なので映画は量産され、各撮影所は専属のオーケストラも持っていた。映画音楽は一度しか演奏されず、しかも、スコアが完成するのは録音の直前である。ほとんど初見で演奏しなければならないので、楽団員の能力は高い。プレヴィンはそんなオーケストラを指揮することで、いつの間にか「指揮」を学んでいった。

だが、それだけでは、クラシック音楽の世界で通用しないことを彼は知っていた。

第二次世界大戦は終わっていたが、アメリカ市民権を得たプレヴィンには兵役の義務があり、陸軍に入った。派遣先はサンフランシスコだった。当時のサンフランシスコ交響楽団は、ピエール・モントゥーが音楽監督である。プレヴィンはすぐにモントゥーと知り合い、指揮を教えてもらう機会を得た。この人は、師に恵まれている。

ちょうどその頃、レナード・バーンスタインがサンフランシスコに来て、この楽団を指揮した。それを見学したプレヴィンはすっかり影響されてしまい、その数日後に、モントゥーのレッスンで指揮を始めると、「バーンスタイン君を見たね」と見破られてしまった。手取り足取り教えたわけでもないのに影響を与えたバーンスタインも、見て聴いていただけでそっくりの指揮ができたプレヴィンも、そして瞬時に見破ったモントゥーも、いずれも天才である。

バーンスタインは、一九五七年にミュージカル《ウエストサイドストーリー》が大ヒットし、興行的にも作品的にも成功したが、ニューヨーク・フィルハーモニックの音楽監督を打診されると、ブロードウェイとは縁を切った。

プレヴィンもハリウッドに残れば巨万の富を得たかもしれないが、クラシック音楽の指揮者になる道を模索し、それを実現させた。クラシック音楽には、富に優る魔力があるのだ。それは、名声や名誉だけではないだろう。

＊アンドレ・プレヴィン

ベルリンで一九二九年にユダヤ系の弁護士の子として生まれた。五歳からピアノを始め、ベルリンの音楽院で学ぶ。ナチスが台頭した後、パリへ移住し、三九年に渡米。高校在学中から映画音楽の仕事を始め、ジャズ・ピアニストとしても活躍。指揮者へ転向し、ヒューストン交響楽団、ロンドン交響楽団、ピッツバーグ交響楽団、ロイヤル・フィルハーモニー、ロサンゼルス・フィルハーモニック、オスロ・フィルハーモニー等の音楽監督を務めた。

＊参考文献

『マエストロ』第Ⅲ巻　ヘレナ・マテオプーロス著、石原俊訳、アルファベータ
『素顔のオーケストラ』アンドレ・プレヴィン編、別宮貞徳訳、日貿出版社

Episode
24

誰がためにオケは鳴る

ベルリン・フィルハーモニー管弦楽団
Berliner Philharmoniker 1882–

オーケストラ

フルトヴェングラー指揮、ベルリン・フィルハーモニー
ベートーヴェン：交響曲第9番
VENEZIA、キングレコード／KICC 1158
（1942年4月19日の演奏、通称「ヒトラーの第9」）

ベルリン・フィルハーモニーは一八八二年に創設された。当時のドイツは帝政である。以後、第一次世界大戦の敗北を受けて共和政となり、ナチス・ドイツ、第二次世界大戦の東西分裂時代、そして現在のドイツ連邦共和国と、二つの世界大戦と五つの国家体制のなかで、このオーケストラは生き続けた。そのなかには、輝かしい演奏会もあれは、苦い思い出として記憶されている演奏会もある。

ナチスが政権を握った一九三三年以降、総統ヒトラーの誕生日である四月二十日は国の祝日となった。一九三七年四月十八日と十九日、フルトヴェングラー指揮するベルリン・フィルハーモニーはベートーヴェンの交響曲第九番を演奏した。フルトヴェングラーには総統誕生日を祝う意図などなかったのだが、宣伝啓蒙大臣ゲッベルスはこれを政権のプロパガンダに利用し、まるでベートーヴェンがヒトラーの誕生日を祝福しているかのように新聞に書かせた。フルトヴェングラーはこれには当惑し、以後、四月二十日前後はベルリンでの予定を入れないようにした。オーケストラは他の指揮者のもと、総統誕生日に演奏する。

一九四二年になると戦況は悪化し、ドイツは総力戦へと突入していた。ゲッベルスは焦っていた。ナチス政権には派手な催しが必要だった。ドイツにはまだ力があることを内外に示さなければならない。そのためには、なんとしても、「フルトヴェングラー指揮」の「第九」が必要だった。ゲッベルスの強引な手法に屈服し、フルトヴェングラーは誕生日前夜の四月十九日に「第九」を指揮した。この演奏会には政府と党の幹部が揃い、さらに国防軍の将校や兵士もいた。各国の外交団もいた。まさに、国家的行事だった。だが、フルトヴェングラーの第九を聴きたがっていたはずのヒトラーの姿はフィルハーモニー楽堂のどこにもなかった。総統は大本営「狼の巣」に籠っていたのである。

ゲッベルスはこの「第九」について日記に「完璧な演奏で圧倒的な印象を残した」と書いた。この日の演奏は放送されたので録音が遺っている。フルトヴェングラーは生涯に確認できるだけで一〇三回「第九」を指揮し、そのうちの十四の演奏が録音として遺っているが、この四二年四月十九日の演奏は最も気迫に満ちた演奏だ。いやいや指揮したはずなのに、とくに後半になると異様な盛り上がりとなり、熱狂的に終わる。これが、ベルリン・フィルハーモニーにとって戦中最後のフルトヴェングラーとの「第九」だった。

戦後、ベルリン・フィルハーモニーはフルトヴェングラーと、一九五〇年十二月と五一年九月にそれぞれ三回ずつ、「第九」を演奏したが、録音は遺っていない。いま聴くことができる「フルトヴェングラーが指揮したベルリン・フィルハーモニーの最後の第九」は、皮肉にもヒトラー誕生日祝賀演奏会の「第九」なのだ。

ベルリン・フィルハーモニーが自分たちを祝福して「第九」を演奏したこともある。

一九五七年はこのオーケストラの創立七十五周年にあたった。設立記念日は五月一日だが、その一週間前の四月二十五日と二十六日の演奏会でベルリン・フィルハーモニーは「第九」を演奏して自ら祝ったのだ。指揮はヘルベルト・フォン・カラヤン――ベルリン・フィルハーモニーがこの新しい首席指揮者と「第九」を演奏するのは、この時が初めてだった。

その次の祝祭での「第九」は一九六三年だった。戦前にベルリン・フィルハーモニーが演奏会場として使っていたホールは一九四四年一月に空襲で焼失していた。以後、戦中も戦後もこのオーケストラはベルリン市内のさまざまな施設で演奏会を開いていたが、五六年暮れに新ホールの建設が決まり、一九六三年秋に新しいホールが完成したのである。その間の六一年八月には「ベルリンの壁」が建てられている。

十月十五日、新しいホールでの午前中の式典で、ベルリン・フィルハーモニーとカラヤンはベートーヴェンの《レオノーレ》序曲第三番を演奏し、夜の記念演奏会では「第九」を演奏した。

この時のカラヤンはウィーン国立歌劇場と掛け持ちだったが、翌六四年にウィーンと決裂する。それを知っていたかのようなタイミングで、ベルリンの新しいホールは落成したのだ。その外見がサーカス小屋のテントのようなので、「カラヤン・サーカス」と呼ばれるようになる。まさに、カラヤンのためのホールだった。

一九八九年四月にカラヤンがベルリン・フィルハーモニーの藝術監督を辞任すると、それを待っていたかのように、六月二十八日、リッカルド・ムーティとのリハーサルの直前、フィルハーモニー・ホールの天井が剝がれ落ちた。リハーサルが始まっていたら、楽団員が大怪我をするところだった。その時は応急措置が取られたが、翌九〇年十月に、ホールは大規模な修理が必要と判断され、十六カ月にわたり閉鎖された。その間、オーケストラは旧東ベルリンのホールで演奏した。もし「ベルリンの壁」が崩壊していなかったら、路頭に迷うところだった。

そして、一九九二年四月、修理が終わり、フィルハーモニー・ホールは再開した。二十六日と二十七日の再開記念演奏会で、首席指揮者クラウディオ・アバドが選んだのは、「第九」ではなく、シェーンベルクの《グレの歌》だった。時代は変わったのである。

カラヤン指揮、ベルリン・フィルハーモニー
ベートーヴェン：交響曲第９番
ベルリン・フィル自主制作盤　/　BPH0606
（1963年10月15日の演奏、新しいホールの杮落とし）

＊ベルリン・フィルハーモニー管弦楽団
一八八二年にビルゼ・オーケストラの楽団員たちが独立して設立した自主運営のオーケストラ。ハンス・フォン・ビューローが最初の常任指揮者で、以後、ニキシュ、フルトヴェングラー、チェリビダッケ、カラヤン、アバド、ラトルがそのポストを継承してきた。ドイツ近現代史とともにある楽団。

＊参考文献
『巨匠フルトヴェングラーの生涯』ヘルベルト・ハフナー著、最上英明訳、アルファベータ
『ベルリン・フィル　あるオーケストラの自伝』ヘルベルト・ハフナー著、市原和子訳、春秋社
『写真集ベルリン・フィルハーモニーとクラディオ・アバド』アルファベータ

Episode
25

「邪悪」との闘い

ジョン・エリオット・ガーディナー
John Eliot Gardiner 1943–

指揮者

ガーディナー指揮、イギリス・バロック管弦楽団
モーツァルト：レクイエム、他
PHILIPS / PHCP-10546

「カラヤンの晩年のコンサートを聴いて、彼が力を行使するやり方にはどこか邪悪なところがあり、それが音楽を損なっているという印象を受けました。そこにはなんの驚きも、喜びの瞬間もありませんでした。型通りとしか感じられなかった。すべてが自己中心的で、すべてが彼を中心に回っていたのです。」

一九九三年にイギリスで放映された「指揮の技法」という番組で、ガーディナーはこう発言した。カラヤンの死から四年後のことだ。リチャード・オズボーンは、カラヤンの評伝でこの発言を引用し、「ガーディナーの（カラヤンへの）執拗な狙い撃ちは、かなり奇異にも感じられる」と述べている。とくに、「邪悪」という言葉に。

ジョン・エリオット・ガーディナーは第二次世界大戦中の一九四三年に生まれた。大叔父にイギリス音楽界の実力者だった作曲家のヘンリー・バルフォア・ガーディナーがいた。この大叔父はホルストとも親しく、《惑星》初演にあたっては資金を調達したという。

その《惑星》がいまのように有名になるきっかけのひとつが、カラヤンがウィーン・フィルハーモニーとデッカに録音したレコードだ。一九六一年九月にアダンの《ジゼル》とともに録音された。この時期、ウィーン国立歌劇場のバレエ公演でこの二作が上演されたのに連動しての録音だった。《惑星》もバレエとして上演され、カラヤンはこの二作ではバレエを指揮した。カラヤンのバレエの指揮は、このウィーン時代に何回かあるだけだ。

ガーディナーは十五歳で指揮を始め、ケンブリッジ大学の学生時代、一九六四年にモンテヴェルディ合唱団を結成した。音楽家として早熟であり、また起業家としてのセンスもあったのだ。以後も彼は次々と楽団を結成し、改組していく。

モンテヴェルディ（一五六七～一六四三）は、西洋音楽史の最初に出てくるヴェネツィアの作曲家だ。しかし名前は知られていても、曲は知られていなかった。一九六〇年代以降、何種類もの「名曲全集」が編まれるが、たいがいはヴィヴァルディの《四季》が最も古い曲だ。当時はコンサートやオペラでも、モンテヴェルディはめったに演奏されなかった。その作曲家の名を冠した合唱団を作るあたり、ガーディナーは先見の明があった。

だが、上には上がいる。まだモンテヴェルディが「忘れられていた時代」の一九六三年四月一日、ウィーン国立歌劇場では、モンテヴェルディの《ポッペーアの戴冠》の復活上演が、カラヤンの指揮で始まった。音楽学者エーリヒ・クラークが校訂した版での上演だ。

カラヤンが振ったのだから、当然のごとく、「後期ロマン派みたいなモンテヴェルディだ」との批判も出るが、公演は成功した。まだアーノンクールですらモンテヴェルディを「リサーチ中」という時代に、颯爽と復活上演をやってしまうのが、カラヤンだった。ケンブリッジの学生だったガーディナーは、ウィーンでのモンテヴェルディの復活を知っていたのか、どう受け止めたのか。

ともかく、モンテヴェルディは復権した。ガーディナーは一九六七年にモンテヴェルディ合唱団を指揮してモンテヴェルディの《聖母マリアの夕べの祈り》を上演し、成功した。この時期、カラヤンはすでにウィーンを去っていた。モンテヴェルディを指揮したのは六四年だけだったし、セッション録音はしていない。ライヴ盤があるのみだ。カラヤンの主要レパートリーとしては残らなかった。

一九六八年、ガーディナーはモンテヴェルディ管弦楽団を結成し、ヨーロッパ各地で公演をし、注目されていく。七七年には同楽団をイングリッシュ・バロック・ソロイスツへと改組した。レパートリーがモンテヴェルディだけではなくなっていたのだ。そうしたガーディナーの活動をカラヤンが妨害した形跡はない。

ガーディナーの活動はバロック音楽全体へと広がり、やがてカラヤン没後の一九九〇年にはオルケストル・レヴォリューショネール・エ・ロマンティークを結成した。これでロマン派までレパートリーは広がったのだ。それだけではない。ガーディナーは各都市のモダン楽器のオーケストラにも客演するようになる。

一九八九年四月、ちょうどカラヤンがベルリン・フィルハーモニーの首席指揮者を辞任した直後、北ドイツ放送交響楽団の首席指揮者ギュンター・ヴァントが自宅で転倒して骨折した。カラヤンと同世代のこの指揮者は、しばらく休むことになり、その代役として選ばれたのが、ガーディナーだった。代役が成功すると、楽団のなかにガーディナーをヴァントの後継者にしようとの動きが出る。ヴァントは自分が引退を表明していないうちに後継人事が始まったことに不快感を抱き、追い出される前に自分から引退を表明した。

ガーディナーは一九九一年のシーズンから、北ドイツ放送交響楽団の首席指揮者となった。

別にガーディナーがヴァントを追い出したわけではない。世代交代の時期にはよくある話だ。古い世代は若者を過剰に警戒し、若い世代は自分の音楽の新しさは「正しさ」であるとアピールする。冒頭に紹介したガーディナーのカラヤン批判も、世代交代時ならではの過激な発言だったのだろう。

＊ジョン・エリオット・ガーディナー

イギリスのドーセットで一九四三年に生まれた。大叔父が作曲家のヘンリー・バルフォア・ガーディナー。ケンブリッジ大学在学中の六四年にモンテヴェルディ合唱団を結成。さらにイングリッシュ・バロック・ソロイスツ、オルケストル・レヴォリューショネール・エ・ロマンティークを次々と結成し、レパートリーを広げていった。自分の楽団以外でも、リヨン国立オペラの音楽監督、北ドイツ放送交響楽団の首席指揮者を務めた。

＊参考文献

『ヘルベルト・フォン・カラヤン』リチャード・オズボーン著、木村博江訳、白水社
『ギュンター・ヴァント　音楽への孤高の奉仕と不断の闘い』ヴォルフガング・ザイフェルト著、根岸一美訳、音楽之友社
『巨匠神話　だれがカラヤンを帝王にしたのか』ノーマン・レブレヒト著、河津一哉・横佩道彦訳、文藝春秋

Episode
26

ニューイヤー・コンサートの華やかさの裏で

ウィーン・フィルハーモニー管弦楽団
Wiener Philharmoniker 1842–

オーケストラ

カラヤン指揮、ウィーン・フィルハーモニー、他
ニューイヤー・コンサート1987
Deutsche Grammophon / POCG-1150

ウィーン・フィルハーモニーのニューイヤー・コンサートは、こんにちでは毎年異なる指揮者が登場する。しかし、指揮者が毎年交代するようになるのは一九八七年のカラヤンからで、それ以前は、一九八〇年から八六年まではロリン・マゼール、その前は一九五五年から七九年まで二十五年間にわたり、ウィリー・ボスコフスキーがずっと指揮していた。さらにその前は、クレメンス・クラウスが一九三九年から指揮していた（終戦直後の一九四六年はヨーゼフ・クリップス）。

ボスコフスキーは一九〇九年にウィーンで生まれ、三三年にウィーン・フィルハーモニーにヴァイオリニストとして入団した。ちょうどヒトラーが政権を取った年だ。

五年後の一九三八年一月十五日と十六日、ウィーン・フィルハーモニーはブルーノ・ワルターの指揮でマーラーの交響曲第九番を演奏した。これは録音もされ、長くこの曲の名演名盤として知られていた。当時のコンサートマスターはアルノルト・ロゼ——マーラーの妹の夫としても知られている名ヴァイオリニストだ。つまり、この演奏会は、ユダヤ人の作曲家の作品をユダヤ人が指揮しユダヤ人がコンサートマスターとして演奏したものだった。それは、この当時のウィーンでは珍しくもなければ、特別なことでもなかった。

ロゼは十歳でウィーン国立音楽院へ入学が許されたほどの神童のひとりだ。二十歳過ぎても「ただのひと」にはならず、一八八一年からウィーンの宮廷歌劇場のコンサートマスターとなり、さらに自身の弦楽四重奏団でも活動していた。娘のアルマ・ロゼもまたヴァイオリニストとして活動していた。だが、三月十三日にドイツがオーストリアを併合したことで、ウィーンの音楽家たちの運命は暗転した。

その数週間前の二月二十日の昼間、ウィーン・フィルハーモニーは楽友協会ホールでワルターの指揮でブルックナーの第四番を演奏していたが、その同じ時、ウィーンのラジオからはヒトラーの演説が流れていたという。翌日、ウィーン・フィルハーモニーとワルターはブダペストで同じプログラムを演奏し、二十六日にワルターはウィーン国立歌劇場でスメタナの《ダリボール》を指揮した。不安はあったが、この時点ではこれがウィーンでの最後の演奏になるとは、ワルターは思っていなかった。

三月十一日、ワルターはアムステルダムでヒトラーによるオーストリア併合のニュースを知ると、ウィーンには戻らないことを決め、とりあえずスイスに住む。

三月十一日までウィーン国立歌劇場のピットで弾いていたロゼだったが、退職金も年金もなしに解雇された。ウィーンの名士のひとりでもあったコンサートマスターは、ロンドンへ向かった。妻（マーラーの妹）のユスチーネは亡くなっていた。娘アルマもオーストリアを脱出できたが、一九四三年に捕まり、アウシュヴィッツに送られた。収容所で女性による楽団のリーダーとして活躍していたが、四四年に収容所で病死する。

ロゼがいなくなっても、ウィーン・フィルハーモニーは人材が豊富だった。まず、ヴォルフガング・シュナイダーハンがコンサートマスターとなり、ボスコフスキーがそれに続いた。さらに十七歳のワルター・バリリが第一ヴァイオリンに採用され、すぐにコンサートマスターになる。ウィーン・フィルハーモニー史上最強のコンサートマスターのトリオだ。

ワルターがいなくなった穴はクレメンス・クラウスやクナッパーツブッシュ、そしてフルトヴェングラーが埋めた。国立歌劇場もフィルハーモニーも、音楽を奏で続けたのである。

そして今日まで続くシュトラウス・ファミリーのワルツによるコンサートも、このナチス時代に始まった。一九三九年の大晦日が最初で、四一年から元日に行なわれる。指揮者はクラウスだった。

ウィーン国立歌劇場はドイツ敗戦直前の一九四五年三月十二日に空襲で焼失した。

オーストリアは一九五五年に占領下から独立するが、それと国立歌劇場の再建は同時だった。歌劇場総監督の座を狙っていたクラウスだったが、カール・ベームに決まると、五四年五月に急死した。憤死ではないかとささやかれるようなタイミングだった。

それまでクラウスが指揮していたニューイヤー・コンサートは誰が指揮するのかが問題になった。楽団が決めたのは、コンサートマスターのボスコフスキーだったのである。

ボスコフスキーは七〇年にウィーン・フィルハーモニーを定年となったが、その後も七九年までニューイヤー・コンサートの指揮を続け、九一年に亡くなった。

そのボスコフスキーの後を継いだのが、ユダヤ系のマゼールだった。しかし、マゼールは八二年に国立歌劇場総監督になるも、八四年には決裂した。ニューイヤー・コンサートは八六年まで続け、以後も四回指揮したが、レギュラーとしてはこれが最後となった。こうして、八七年から指揮者が毎年交代するようになったのである。

その八七年に指揮したのはカラヤンだった。それまで大晦日から元日はベルリンのフィルハーモニーを指揮していたので、カラヤンにとって最初で最後のニューイヤー・コンサートとなった。この頃、ベルリンと確執があったので、カラヤンは意趣返しにウィーンで指揮したのだった。華やかでめでたい演奏会も、裏にはさまざまな事情がある。

ワルター指揮、ウィーン・フィルハーモニー
マーラー：交響曲第9番、他
EMI / TOCE-3556
（1938年1月16日の演奏）

＊ウィーン・フィルハーモニー管弦楽団
ウィーン宮廷歌劇場（現・国立歌劇場）管弦楽団のメンバーが一八四二年に創立した、自主運営のオーケストラ。最初のコンサートはオットー・ニコライが指揮した。以後、首席指揮者として、カール・エッケルト、フェリックス・オットー・デッソフ、ハンス・リヒター、ヴィルヘルム・ヤーン、グスタフ・マーラー、ヨーゼフ・ヘルメスベルガー二世、フェリックス・ワインガルトナー、ヴィルヘルム・フルトヴェングラー、クレメンス・クラウスらが指揮した。三三年以降は首席指揮者、音楽監督は置かない。

＊参考文献
『栄光のウィーン・フィル』オットー・シュトラッサー著、ユリア・セヴェラン訳、音楽之友社
『ヴァイオリンの巨匠たち』ハラルド・エッゲブレヒト著、シュヴァルツァー節子訳、アルファベータ

Episode
27

バーンスタインが教えたもの

ウィリアム・クリスティ
William Christie 1944–

指揮者

クリスティ指揮、レザール・フロリサン
モンドンヴィル：グラン・モテ集
ERATO / WPCS16114

アメリカとバロック音楽とは、ストレートにはつながらない。なにしろ、バロック音楽の全盛期、アメリカ合衆国はまだ地球上に国家としては存在しないのだ。しかしアメリカにも、クリスティというフランスのバロック・オペラを得意とする指揮者がいる。クリスティの音楽家人生は、極めて細い糸のようなつながりしかないアメリカとバロック音楽とが、どうやって太い幹へと発展したかの縮図とも言える。

ウィリアム・クリスティは一九四四年、第二次世界大戦末期にアメリカのニューヨーク州バッファローで生まれた。母は教会の聖歌隊の指揮者で、ウィリアムは七歳でピアノ、十二歳でオルガンを始めた。

この世代になると、「人生を変えた、音楽との出会い」は、親に連れて行ってもらった演奏会やオペラではなく、レコードになる。ウィリアム少年がバッハに出会ったのは七歳か八歳の時で、それはイェルク・デームスが弾く変ロ長調のパルティータとフランス組曲のレコードだった。年齢から逆算すると、一九五一年か五二年で、デームスがウィーンの若手ピアニストとして脚光を浴び、レコード・デビューした直後となる。とはいえ、七、八歳の子が自分で選んで買ったとは思えないので、親か、親しい大人が買ったものを聴いたのだろう。

クリスティはデームスのバッハのレコードについて「それまで聴いたなかで最も心を奪われる音楽でした」と語る。そして、ある朝目覚めるとバッハがベッドの横に立っていて、「起き上がって歩きなさい」と言ったというような音楽家の伝説によくある話ではないが、それに似たものだったと自分で解説している。

その数年後に、クリスティはローレンス・ブーレイが弾くクープランのレコードを聴いた。彼はこれも気に入り、まさに「レコードの溝が擦り切れる」まで聴いた。

当時のアメリカではバロック音楽がコンサートで演奏される機会は《メサイア》を除くと、少なかったので、レコードがなかったら、彼がバロックに出会うのはもっと遅かったかもしれない。もっともクリスティの場合、母が教会の聖歌隊の指揮者だったので、礼拝の時に、シュッツ、シャイン、タリス、ギボンズ、ウィリアム・バードなどの音楽に接していた。いつの間にか、下地ができていたのだ。

クリスティは、しかし、ハーヴァード大学に進むと美術史を学んだ。いわゆる音楽院には進んでいないのだ。学生時代にはグリークラブに入り、ボストン交響楽団の演奏会で共演したというので、まったく音楽に関係がなかったわけではないが、音楽一筋でもなかった。そんなクリスティが音楽家、それも指揮者になろうと決意するには、さらにいくつかの出会いが必要だ。アメリカ生まれで、ミュージカルの作曲家でもあるバーンスタインは、たしかに指揮者として幅広いレパートリーは持つものの、バロック音楽とは縁が薄い。ましてや古楽演奏とは何の関係もなさそうな人物だ。それなのに、古楽の音楽家クリスティーの憧れだったとは意外だ。

ウィリアム・クリスティの運命を変えた出会いは、ハーヴァード在学中の一九六四年から六五年に、タングルウッド音楽祭に参加したことによってもたらされた。

この音楽祭は、戦争直前の一九三八年夏に始まった。タングルウッドはアメリカのマサチューセッツ州北西部にある避暑地だ。ここに、夏の間、ボストン交響楽団を中心とした音楽祭が開催されたのである。当時のボストン交響楽団の常任指揮者はセルゲイ・クーセヴィツキーである。三年目の一九四〇年夏からは、クーセヴィツキーが指揮科を受け持つ音楽教育プログラムも始まった。そこに応募してきた青年のひとりに、前年にハーヴァードを卒業したレナード・バーンスタインがいた。

バーンスタインはタングルウッドでクーセヴィツキーと出会ったことで、指揮者への道が開けたのである。そして、二十数年の後、バーンスタインは世界的指揮者となってタングルウッド音楽祭で若者たちと接していた。

クリスティがタングルウッドの教育プログラムに参加した一九六四年と六五年は、バーンスタインがニューヨーク・フィルハーモニックの音楽監督だった時期にあたる。アメリカ音楽界のスーパースターであるバーンスタインは、クリスティ青年の目から見ても輝いていた。

クリスティはタングルウッドで接したバーンスタインについてこう語る。

「彼は頭がよくて、フェアでした。非常に能力が高くて、とても親しみやすい。彼は古楽について語れたでしょうが、一度も語りませんでした。でも指揮者として、巨大なチームを前にした彼を見ていた時、本当に憧れましたよ」

バーンスタインは、古楽についての知識や具体的演奏技術については何もクリスティに教えていない。しかし、クリスティはバーンスタインを間近で見ることで、指揮者とはどんな存在なのか、あるいは、「音楽家」というものの在り方を、感じ取ったのであろう。

存在するだけで若者に影響を与えてしまうバーンスタインは、偉大な作曲家、指揮者であるだけでなく、優れた教育者でもあった。

＊ウィリアム・クリスティ
アメリカのニューヨーク州バッファローで一九四四年に生まれた。母が聖歌隊の指揮者で、七歳でピアノ、十二歳でオルガンを習い始めるが、ハーヴァード大学へ進み美術史を学んだ。その後、イェール大学で音楽を学ぶ。七〇年代にヨーロッパへ移り、チェンバロ奏者として活躍した後、七九年にフランスでアンサンブル レザール・フロリサンを結成し、フランスのバロック・オペラの復活上演で注目され、古楽演奏の巨匠のひとりとなる。

＊参考文献
『指揮者が語る！ 現代のマエストロ、29人との対話』ディーター・ダーヴィッド・ショルツ著、蔵原順子・石川桂子訳、アルファベータ

Episode 28

沈黙したピアニストの系譜

アレクシス・ワイセンベルク
Alexis Weissenberg 1929–2012
ピアニスト

ワイセンベルク（ピアノ）、カラヤン指揮、ベルリン・フィルハーモニー
ラフマニノフ：ピアノ協奏曲第2番、他
WARNER / WPCS-23042

ピアニスト、ワイセンベルクは二〇一二年一月に八十二歳で亡くなった。逆算すればすぐに分かるが、彼もまた第二次世界大戦下、つまりはヒトラーのナチスが暴虐の限りを尽くしていた時代に少年期を過ごした。しかも、ユダヤ系として。

アレクシス・ワイセンベルクは一九二九年にブルガリアの首都、ソフィアで生まれた。母がピアニストだったので、幼い頃から音楽に親しみ、三歳からピアノを習っていた。三七年、八歳の年にはコンサートで演奏している。

一九四一年、ブルガリアはナチス・ドイツと同盟を結んだ。ワイセンベルクは母とともにトルコへ亡命しようとするが失敗し、強制収容所へ入れられる。収容所でアコーディオンを弾いていたら、音楽好きのドイツの将校に気に入られ、その将校は母子を駅に連れて行き放置した――つまり逃してくれたのだ。こうしてこの未来の大ピアニストはホロコーストの犠牲にならず、トルコを経て、イスラエル(当時はパレスチナ)へ移住した。

一九四五年、第二次世界大戦終結の年、ワイセンベルクは十六歳だった。彼は四六年にニューヨークのジュリアード音楽院で学ぶことになり、渡米する。その時、イスラエルでのワイセンベルクの師だったレオ・ケステンベルクは、ニューヨークにいるホロヴィッツとシュナーベルへの紹介状を書いてくれた。この世代のピアノ青年であれば、誰もがホロヴィッツに憧れていた。ワイセンベルクもそのひとりだ。しかしホロヴィッツは弟子を取らない。それでもホロヴィッツはワイセンベルクの「恩人」のひとりになった。

ワイセンベルクは四七年にレーヴェントリット・コンクールで優勝、フィラデルフィア管弦楽団のコンクールでも一位を取るなど、華々しいスタートを切るが、このアメリカ時代最初期のスタインバーグ指揮ピッツバーグ交響楽団とのコンサートは、ホロヴィッツがキャンセルし、代役にワイセンベルクを推薦したので実現したものだった。

　こうしてワイセンベルクのスター・ピアニストとしての生活が始まった。しかし、一九五六年、彼はそうした生活に見切りをつけ、「隠遁（いんとん）」してしまう。次から次へとコンサートのスケジュールが組まれ、「自分がこなせる量より、演奏会の予定が二十も多くなる」状況となった。そういう状態でも一度や二度なら切り抜けられた。だが、限界が来ていた。「自分自身を深く見つめ、ひたすら自分の勉強に打ち込みたかった」ワイセンベルクは、引き籠もる。

　ちょうどこの時期、ホロヴィッツもまた長い隠遁生活に入っていた。彼は五三年三月のコンサートを最後に、公の場では演奏しなくなっていた。そして、ホロヴィッツと入れ替わるようにして、ワイセンベルクの三歳下になるグレン・グールドが華々しく登場していた。そのグールドも六四年四月のコンサートを最後に、公の場では演奏しなくなる。

　グールドがコンサートに出なくなった頃、ワイセンベルクはアメリカを離れ、パリで暮らすようになっていた。コンサートもしなければ、レコーディングもしなかった。だが、映画には出た。ストラヴィンスキーの《ペトルーシュカ》のピアノ版の映像化で、一九六五年の作品だ。ちょうどホロヴィッツが十二年ぶりのリサイタルを開いて復帰した年にあたる。

　音楽映画《ペトルーシュカ》は映像によって音楽を表現しようという実験的なもので、エッケ・ファルクが監督した。ＤＶＤになっているので見ることができるが、ワイセンベルクが自ら説明するには「あらゆる角度から、弦を通して撮影し、下からも上からも撮影できるように、ピアノを部分的に取り外す」などの手法で撮った、かなり野心的な作品だ。六〇年代の前衛的な映像のひとつとも言える。

この映画に注目した、ひとりの指揮者がいた。音楽の映像化に取り組み、試行錯誤を繰り返していたヘルベルト・フォン・カラヤンである。カラヤンはすでに映画監督アンリ＝ジョルジュ・クルーゾーと組んで何作かの音楽映画を撮っていたが、ファルクの作品が気に入ると、コンタクトを取り、次の映画を撮らせることにした。そして、その《ペトルーシュカ》のピアニストを協奏曲のソリストに起用してみようとなった。

ワイセンベルクは、映画とはいえ、人前で弾いたことで隠遁生活の終わりが近づいたと感じていた。九年の沈黙の後、六六年十一月、パリでリサイタルを開いて成功した。そして翌六七年春には、ニューヨーク・フィルハーモニックのコンサートでスタインバーグの指揮のもと、ラフマニノフの協奏曲第三番を弾いた。これはベネディッティ＝ミケランジェリがキャンセルしたため、困っていたスタインバーグの求めに応じたものだった。かつてホロヴィッツの代役で脚光を浴びたワイセンベルクは、今度はミケランジェリの代役で復帰したのだ。

前後して、カラヤンとチャイコフスキーの協奏曲第一番の映画の撮影も行ない、六七年九月、ベルリン・フィルハーモニーのシーズン最初のコンサートにワイセンベルクは登場した。

ワイセンベルクの隠遁生活に終止符が打たれ、カラヤンとの蜜月が始まり、このコンビでピアノ協奏曲の名曲の数々が録音された。

一九八九年にカラヤンが亡くなるのと前後して、ワイセンベルクは公の場に出なくなるが、それはパーキンソン病となったためだ。

＊アレクシス・ワイセンベルク
ブルガリアのソフィアで一九二九年に生まれた。ピアニストだった母に三歳からピアノを習い、八歳でコンサート・デビューした。戦後、ニューヨークのジュリアード音楽院で学ぶ。レーヴェントリット・コンクールで優勝し、フィラデルフィア管弦楽団のコンクールでも一位となる。五六年に活動を休止し、六六年に復帰した。九〇年代に入ると病気のため活動しなくなり、二〇一二年に亡くなった。

＊参考文献
『ワイセンベルクの世界』グステル・ブロイア著、H・E・プリングスハイム、関英夫訳、音楽之友社
『ヘルベルト・フォン・カラヤン』リチャード・オズボーン著、木村博江訳、白水社

Episode
29

フルトヴェングラーの弟子

クリスティアン・ティーレマン
Christian Thielemann 1959–

指揮者

ティーレマン指揮、ウィーン・フィルハーモニー
リヒャルト・シュトラウス：《英雄の生涯》
Deutsche Grammophon / UCCG-50049

フルトヴェングラーが亡くなって六十年以上になる。彼の演奏を生で聴いた経験がある人も少なくなっている。しかしその音楽の影響力はいまだに強く、確実に残っている。生で聴いたこともないフルトヴェングラーに憧れて指揮者になった人は多い。

ベルリン生まれのティーレマンもそのひとりだ。彼が生まれたのは、一九五九年、東西冷戦のさなかだ。ベルリンの壁ができるのは六一年なので、その二年前になる。彼の家は西ベルリンにあったので、西側の人として育つ。

クリスティアン・ティーレマンは両親が音楽好きだったので、幼い頃からベルリン・フィルハーモニーの演奏会に行き、五歳でピアノ、七歳でヴィオラを習い始めた。当時のベルリン・フィルハーモニーはいうまでもなく、カラヤンの時代である。その後もこのベルリンの音楽少年はカラヤン財団のオーケストラ・アカデミーで学び、一九七八年からベルリン・ドイツ・オペラで練習指揮者として働くようになると、カラヤンに目をかけられベルリン・フィルハーモニーの演奏会のリハーサルの見学を許されるようになり、演奏旅行に同行したこともある。したがってティーレマンが「カラヤンの弟子」と名乗っても、経歴詐称にはならないだろう。だが、彼はカラヤンの弟子であると強くアピールしない。むしろフルトヴェングラーへの崇拝を口にするのだ。彼が生まれたのは、フルトヴェングラーの死から五年後だ。その音楽を生で聴いたことはない。それなのにティーレマンはフルトヴェングラーを「最も崇拝する人物です」と言う。

青年時代にフルトヴェングラーを体験した音楽家のひとりに、イタリア人のクラウディオ・アバドがいる。一九五〇年三月にフルトヴェングラーがミラノ・スカラ座でワーグナーの《ニーベルングの指環》を指揮した時に聴いている。アバドがウィーンで音楽を学ぶ時には、フルトヴェングラーはもうこの世にはいなかった。

カラヤン後継をめぐり、アバドのライバルでもあったダニエル・バレンボイムは、少年時代に直接フルトヴェングラーに接したことがある。バレンボイムはアルゼンチンでロシア系ユダヤ人の両親のもとに生まれた。両親ともピアノ教師だったので、ごく自然にピアノを弾くようになる。そして一九五〇年に七歳で公の演奏会でピアノを弾いてデビューした。

一九四八年にユダヤ人の国家としてイスラエルが建国されると、バレンボイム一家は、そこへの移住を決断し、一九五二年七月に南米大陸からヨーロッパへ向かった。まずローマへ着き、そこから夏の音楽祭が開催されているザルツブルクへ向かった。その後、一家はウィーンで暮らし、バレンボイムは断続的に各地の演奏会に出るようになり、この天才少年の名は、音楽界で知られていく。十二月に一家はイスラエルに入国した。

一九五四年、バレンボイムは指揮者マルケヴィッチのもとで指揮法を学ぶことになり、ザルツブルクへ行った。マルケヴィッチの講座で一緒になったのが、ヘルベルト・ブロムシュテット、助手をしていたのがヴォルフガング・サヴァリッシュである。

そしてこの夏のザルツブルクで、十一歳のバレンボイムはフルトヴェングラーの前でピアノを弾く機会を得たのだ。この少年の演奏に感銘したフルトヴェングラーは、ベルリン・フィルハーモニーのコンサートで共演しようと持ちかけた。しかし、バレンボイムの父は、この巨匠からの申し出を、丁寧に断った。ユダヤ人である自分たちがドイツへ行くには早過ぎると言って——ナチス政権が崩壊してから、九年しか過ぎていなかった。

共演を断られてもフルトヴェングラーは気を悪くせず、《ドン・ジョヴァンニ》やコンサートのリハーサルにバレンボイムを立ち会わせ、どのように指揮するかを見せた。「じかに聴いて、その準備の綿密さに強い印象を受け、彼の人間性にも魅了された」と、バレンボイムは自伝に記している。

この夏が、フルトヴェングラーにとって最後のザルツブルク音楽祭になった。あと一年遅かったら、二人の出会いはなかったのだ。

バレンボイムはフルトヴェングラーの死後、彼についてのあらゆることを知ろうとし、本を読み、レコードを聴き、共演したことのある音楽家から話を聞いたという。そうした間接的な情報と、短期間ながらも直接聴いて見た音楽とで、バレンボイムはフルトヴェングラーの音楽を継承していく。


一九七八年、フルトヴェングラーの死から二十年以上が過ぎ、彼の死後に生まれたティーレマンは、ベルリン・ドイツ・オペラで練習指揮者となっていた。そこへバレンボイムが客演し、《トリスタンとイゾルデ》を振った。この時に助手を務めたことで、バレンボイムはティーレマンに目をかけ、以後、バイロイトやパリでも助手にした。

一緒に仕事をしていく過程で、ティーレマンは、フルトヴェングラーからバレンボイムへ伝えられた何かを受け取ったはずだ。

フルトヴェングラー指揮、ウィーン・フィルハーモニー他
モーツァルト：《ドン・ジョヴァンニ》
キングレコード / KICC 1161〜1163
（1954年8月3日、ザルツブルク音楽祭でのライヴ）

＊クリスティアン・ティーレマン
ドイツのベルリンで一九五九年に生まれた。五歳でピアノ、七歳でヴィオラを学ぶ。カラヤン財団のオーケストラ・アカデミーで学び、ベルリン・ドイツ・オペラの練習指揮者になる。いくつもの歌劇場で修業し、八五年にデュッセルドルフのライン歌劇場首席指揮者になり、以後、ベルリン・ドイツ・オペラ、ミュンヘン・フィルハーモニー、シュターツカペレ・ドレスデンの首席指揮者等を務める。

＊参考文献

『指揮者が語る！ 現代のマエストロ、29人との対話』ディーター・ダーヴィット・ショルツ著、蔵原順子・石川桂子訳、アルファベータ
『バレンボイム／サイード　音楽と社会』A・グゼリミアン編、中野真紀子訳、みすず書房
『ダニエル・バレンボイム自伝』増補改訂版　蓑田洋子訳、音楽之友社

Episode 30

メシアンのひとこと

ピエール・ブーレーズ
Pierre Boulez 1925–2016

指揮者、作曲

ブーレーズ指揮、シカゴ交響楽団、ツィマーマン（ピアノ）、他
バルトーク：ピアノ協奏曲第１番、第２番、第３番
Deutsche Grammophon / UCCG-1225 477 5330

フランスの二十世紀を代表する作曲家であるオリヴィエ・メシアンは一九〇八年十二月にアビニョンで生まれた。同じくフランスの戦後を代表する音楽家であるピエール・ブーレーズは一九二五年三月にリヨンに近い町、モンブリゾンで生まれた。日本で言えば、メシアンは明治の終わりの人、ブーレーズは大正生まれの最後の世代となる。

メシアンは一九一九年に十一歳でパリ音楽院に入り、三〇年に卒業した。その十一年間に和声、対位法、伴奏、オルガンなど多くの科目を学んだ。卒業後の三一年、二十二歳でパリの教会の首席オルガン奏者となった。これはフランスで最年少の専属オルガン奏者だった。オルガ

ン奏者としての仕事の他、音楽院の教官、そして作曲の仕事も始めた。だが、一九三九年八月、メシアンは《栄光の御体》を完成させた直後に軍に召集され、その一週間後に第二次世界大戦が勃発した。メシアンは視力が弱いため前線に送られず、病棟勤務兵となった。

そして一九四〇年六月二十日、メシアンはドイツ軍に捕らえられ、捕虜収容所へ入れられた。その五日後の二十五日、フランスは降伏した。

ブーレーズは戦争が始まった年、まだ十四歳だ。ブーレーズの父は音楽とは何の関係もない技術者だったので、ブーレーズが音楽に関心を抱くのは――後に大音楽家になることを考えると――遅い。六歳の年にラジオで初めてクラシック音楽を聴いて、世の中にそういうものがあると知る。それからピアノを習うようになるが、単なる子どものお稽古事のひとつだった。

しかし十三歳になると、ブーレーズは本格的に音楽を学ぶようになる。それでも父は息子を技術者にするつもりで、リヨン大学の予備課程に入れた。リヨンで学んでいる間に、ブーレーズは女性歌手と知り合い、音楽の才能があると見込まれた。その歌手は、リヨン音楽院を受験させるべきだと父を説得してくれた。しかし、ブーレーズは不合格となり入学できなかった。ブーレーズは個人教授から和声と対位法を学んだ。

メシアンはシュレージェンのゲルリッツにある第八A捕虜収容所に入れられた。ユダヤ人の絶滅収容所ではなく捕虜収容所なので、国際法に基づいた捕虜としての扱いを受け、命そのものの危険はなかった。外には出られないが、音楽活動をする自由はあった。

この収容所で、メシアンの代表作となる四重奏曲《時の終わりへ》が作曲された（「世の終わりのための四重奏曲」と訳されることが多い）。音楽が作曲される場所は、何も作曲家の書斎だけには限らない。旅先で作曲されることもあるだろうし、歌劇場で練習と並行して作られる曲もあるだろう。だが、捕虜収容所で作られた例となると、そんなにはない。

一九四一年一月十五日、この四重奏曲は同収容所で、メシアンのピアノ、エチエンヌ・パスキエのチェロ、アンリ・アコカのクラリネット、ジャン・ル・ブーレールのヴァイオリンで初演された。他の三人の音楽家たちも捕虜として収容されていたのだ。

その翌月、メシアンは解放され、五月にはパリ音楽院で和声法の教授になった。戦争はまだ続いており、フランスはドイツ占領下にあったが、とりあえず、メシアンは自由の身となり、音楽家として再出発する。しかし、音楽院では保守的な音楽家たちが、メシアンの新しい音楽を警戒し、さまざまな嫌がらせをした。四重奏曲《時の終わりへ》は四一年六月にパリで初演されたが、以後、なかなか公の場での演奏機会が与えられなかった。

リヨンでくすぶっていた十八歳になるブーレーズ青年がパリへ向かったのはそんな頃だった。彼はリヨンの音楽院には入れなかったが、パリ音楽院には入学できたのだ。

四三年のある日、メシアンが友人の家のサロンで《時の終わりへ》の演奏会を開いた時のことだ。演奏が終わって多くの人々がメシアンを取り囲んでいると、ごく若い、「意志の強そうな男性」がやって来ると、「いまのあなたは多くの人に取り巻かれていますから、また他日、お目にかかります」と素っ気なく言った。

それからしばらくして、音楽院のメシアンのクラスにその青年が現れた。ピエール・ブーレーズと名乗った。メシアンのクラスでブーレーズはたちまち頭角を現した。スコア分析の特別履修課程ではストラヴィンスキーの《春の祭典》を分析し、それはメシアンが驚くほどの内容だった。だが通常の授業では、メシアンは型通りのことを教えざるをえない。ブーレーズが物足りないと感じていることはメシアンにはよく分かっていた。しかし、どうしようもない。

そんなある日、二人は地下鉄で乗り合わせた。若きブーレーズは怒るように、師メシアンに言った。

「このままでは音楽が死んでしまいます。いったい誰が、音楽がはまりこんでいる問題から解放させるのですか！」

メシアンは即答した。

「もちろん、ブーレーズ、君さ！」

こうしてブーレーズはメシアンから「何か」を託された。この時点で彼は指揮者になろうとは夢にも思っていなかった。ブーレーズは自分が何をするために音楽を学んでいるのかも、よく理解していなかったのだろう。だが、何かをやらなければならないことだけは分かっており、メシアンもまた、この若者が音楽史に残るであろう天才だとも分かっていたのだ。

ブーレーズ指揮、クリーヴランド管弦楽団
メシアン：《ミのための詩》、他
Deutsche Grammophon / UCCG-3455

＊ピエール・ブーレーズ
フランスのロワール県モンブリゾンで一九二五年に生まれた。パリ音楽院でメシアンに学び、四六年にルノー＝バロー劇団の音楽監督に。七七年にパリの国立音響音楽研究所（IRCAM）を創立し、九一年まで所長。指揮者としては、クリーヴランド管弦楽団、BBC交響楽団、ニューヨーク・フィルハーモニック、アンサンブル・アンテルコンタンポラン、シカゴ交響楽団の音楽監督等を歴任。二〇一六年に亡くなった。

＊参考文献
『エクラ／ブーレーズ　響き合う言葉と音楽』ピエール・ブーレーズ、クロード・サミュエル（聞き手）、笠羽映子訳、青土社
『マエストロ』第Ⅰ巻ヘレナ・マテオプーロス著、石原俊訳、アルファベータ
『時の終わりへ　メシアン・カルテットの物語』レベッカ・リシン著、藤田優里子訳、アルファベータ

Episode
31

オペラ座の政変

チョン・ミュンフン
Cheong Myeonghun 1953–

指揮者、ピアニスト

チョン・ミュンフン指揮、パリ・バスティーユ管弦楽団
メシアン:《トゥーランガリラ交響曲》
Deutsche Grammophon / POCG-1493 431 781-2

チョン・ミュンフンは自らの音楽人生における「大切な師」として、指揮者カルロ・マリア・ジュリーニと作曲家オリヴィエ・メシアンの二人を挙げている。ジュリーニについては「聖職者のような面影」、メシアンについては「聖者のように見える」と評している。

ピアニストとして音楽家人生を始めたチョンだったが、音楽院在学中から指揮者の道も模索していた。しかし、指揮者という職業が「闘い・支配・駆け引き・策謀」に明け暮れ、「対人関係における緊張の多さ、時には残酷で、冷たくて、シニカルで策謀がいっぱいの仕事」であることが分かると、自分には向いていないと思う。

そんな時、チョンはジュリーニと出会った。そして「闘い・支配・駆け引き・策謀」とはまったく逆の性格と人格でも偉大な指揮者になれると分かり、指揮者になろうと改めて決心した。一九七八年、ジュリーニがロサンゼルス・フィルハーモニックの音楽監督になると、チョンはアシスタント指揮者となり、その仕事を間近に見て、音楽の作り方を学んでいった。

その後チョンはヨーロッパへ渡り、最初のポストとして、三十一歳になる八四年にザールブリュッケン放送交響楽団の音楽監督兼首席指揮者となり、各地のオーケストラに客演していた。八六年にはニューヨークのメトロポリタン歌劇場にオペラ指揮者としてデビュー、続いて八七年からはフィレンツェ市立歌劇場首席客演指揮者になった。これらは三十代の指揮者にとっては順当なポストと言えるだろう。欧米人ではないというハンディを考えると、むしろ出世は早い。そして、チョンは一九八九年に一気にオペラ界の頂点のひとつに駆け上がる。パリのオペラ・バスティーユの音楽監督になるのだ。

ウィーン国立歌劇場やミラノのスカラ座と並ぶ「オペラの殿堂」であるパリのオペラ座は、藝術的水準のみならず陰謀と謀略の点でも他の歌劇場に負けていない。日本では政権交代をしても、新国立劇場の藝術監督人事には何の影響もないが、それは日本では藝術が政治権力から独立しているのではなく、政治家が歌劇場に何の関心も持っていないからであろう。だが、藝術が国民生活の中で大きな位置を占めているフランスやオーストリアではそうはいかない。

一九八一年に大統領に当選したフランソワ・ミッテランは、八九年の革命二百年にあわせ、地下鉄の駅が移転して空き地となるバスティーユに新しい歌劇場を建てる計画を立てた。新しい歌劇場は八五年に起工したが、翌八六年の総選挙でミッテランの社会党が大敗したことで、雲行きが怪しくなる。保革共存政権のシラク首相は新歌劇場計画に反対した。紆余曲折の末、文化大臣レオタールが続行を決定し、危機は乗り越えた。八七年に、新しいバスティーユの音楽監督には、ブーレーズの推薦でダニエル・バレンボイムが任命された。

八八年の大統領選挙でミッテランが再選され、総選挙でも社会党が勝利したので、保革共存政権は終わった。ミッテラン政権はシラク内閣によってなされた人事を次々とひっくり返していく。歌劇場総監督には、ミッテランが親しくしていたピエール・ベルジェが任命された。ベルジェはシラク時代の人事であるバレンボイムを更迭すべく動く。

バレンボイムは抵抗した。彼を推薦したブーレーズをはじめ、当時の大物指揮者たちはバレンボイムを擁護した。彼らには政権の都合で歌劇場人事が決まる前例を作ってはいけないという、音楽家としての危機感があった。しかしバレンボイムの報酬額が高過ぎるとマスコミが騒ぎ、さらにはユダヤ人問題もからみ、泥沼化した。

バレンボイムは新劇場落成前に解雇された。後任探しが始まるが、大物指揮者はバレンボイムに遠慮して引き受けない。反ユダヤ感情が取り沙汰された以上、ユダヤ系の指揮者も無理だ。それに、著名音楽家は何年も前からスケジュールが詰まっている。後任人事は難航し、誰も予想もしなかったチョン・ミュンフンに白羽の矢が立った。チョン自身はバレンボイム追放劇に何の関係もしていなかった。それが幸いしたのだ。

かくして、闘い・支配・駆け引き・策謀を何よりも嫌ったチョンは、陰謀と闘いと駆け引きと策謀の場であるバスティーユに乗り込むことになった。

オペラ・バスティーユの八九年七月十三日と十四日の開場演奏会は、ジョルジュ・プレートルが指揮した。本格的なオペラ公演は九〇年三月十七日に始まり、チョンの指揮でベルリオーズの《トロイ人》が上演され、大成功した。

以後チョンはオペラだけでなく、バスティーユのオーケストラとコンサートやレコーディングにも取り組み、九〇年十月にはメシアンの《トゥーランガリラ交響曲》が作曲家の立ち会いのもとで録音された。メシアンはこの演奏を絶賛した。

新しいバスティーユは順調かに見えたが、九三年のシーズン終わりにベルジェ総裁がユネスコ親善大使に任命されたので辞め、九四年からユーグ・ガルが総裁になると決まると、チョンは解任されてしまった。またも駆け引きと策謀があったのだ。

＊チョン・ミュンフン

ソウルで一九五三年に生まれた。幼少期からピアノを学び、六一年にアメリカへ渡り、マネス音楽大学、ジュリアード音楽院でピアノと指揮を学ぶ。七四年にチャイコフスキー・コンクールのピアノ部門で二位。姉のキョンファ、ミョンファと「チョン・トリオ」を結成しピアノを弾く。フィレンツェ歌劇場、バスティーユ歌劇場、サンタ・チェチーリア音楽院管弦楽団、KBS交響楽団、フランス放送フィルハーモニー管弦楽団、ソウル市立交響楽団の音楽監督等を務める。九七年にアジア・フィルハーモニー管弦楽団を結成した。

＊参考文献

『音楽家が語る51の物語I』レンツォ・アッレーグリ著、小瀬村幸子訳、フリースペース
『パリ・オペラ座　フランス音楽史を飾る栄光と変遷』竹原正三著、芸術現代社
『ダニエル・バレンボイム自伝（増補改訂版）』蓑田洋子訳、音楽之友社

Episode
32

不思議な師弟関係

ジャン＝フランソワ・パイヤール
Jean – François Paillard 1928–2013

指揮者

パイヤール指揮、パイヤール室内管弦楽団
J.S.バッハ：《音楽の捧げもの》
DENON / COCO-70953

ジャン＝フランソワ・パイヤールは、演奏家としての神童・天才少年伝説を持たない音楽家のひとりだ。

パイヤールは一九二八年にフランスのマルヌ県で生まれた。一九四〇年にドイツ軍がパリに無血入城した時は十二歳になる。幼い頃から音楽には親しんでいたが、飛行機の操縦士や登山家になりたかったという。少年期は西フランスに疎開していた。

戦争が終わり、青年になっていたパイヤールはソルボンヌ大学へ入り数学を学んだ。すでに自分は音楽家になる時期を逸したと考えていた。大学時代は天文学も学んだ。しかしパイヤールは音楽を捨てきれず、パリ音楽院に入り、ノルベール・デュフルクに音楽理論を学んだ。卒業後は各地の図書館へ通い、十七世紀、十八世紀のフランス音楽の研究を始め、一九六〇年には『フランス古典音楽』という本にまとめた（邦訳、白水社）。

研究肌の音楽家であれば、同世代のアーノンクールのようにオリジナル楽器での演奏へと向かっても不自然ではないのだが、パイヤールはモダン楽器での演奏にこだわり、そのためか、いまは忘れられかけている。

パイヤールは「室内管弦楽団」という小規模オーケストラの開拓者だった。「一九五〇年代、室内管弦楽団は聴衆にとって身近な存在ではありませんでした。数年前まで、バッハの管弦楽組曲を百人で演奏するような状況だったのです！」と晩年のインタビューで語っている。

フランス古典音楽の研究者だったパイヤールがジャン＝マリー・ルクレール器楽アンサンブルを結成し、指揮者として活動を始めたのは一九五三年だった。彼はいったい、いつどこで指揮を学んだのだろう。たいがいのCDの解説書にある略歴を見ると、「ザルツブルクのモーツァルティウム音楽院でイーゴリ・マルケヴィッチに指揮を学んだ」とある。

フランス古典音楽の専門家でバロック期のイタリアやドイツの音楽をレパートリーの中心にするパイヤールと、ウクライナ出身で戦間期の「現代音楽」作曲家で、指揮者に転じてからはロシア音楽や近代フランス音楽、ベートーヴェンなどをレパートリーの中心にするマルケヴィッチ――ほとんど接点がないようだが、そこが欧米の師弟関係の面白さだ。

イーゴリ・マルケヴィッチは一九一二年にウクライナのキエフに生まれた。父はピアニストで、オイゲン・ダルベールやラウール・プーニョの弟子だった。イーゴリも幼少期からピアノを学び、やがて作曲も学ぶ。一四年にマルケヴィッチ一家はパリを経てスイスに移り住んだ。その直後に第一次世界大戦が始まり、つづいてロシア革命が勃発したので、ロシアへは帰れなくなってしまう。そして十一歳の年に父が亡くなった。だが母が遺志を継いでイーゴリを立派な音楽家に育てていく。一九二五年、十三歳の年に、スイスに来たアルフレッド・コルトーに見出されてパリへ行くことになり、コルトーが創設したエコール・ノルマル・ド・ミュジックで、ピアノと作曲を学んだ。

一九二八年、マルケヴィッチは大興行師セルゲイ・ディアギレフと出会う。ロシアのバレエをヨーロッパに紹介した興行師であり、ストラヴィンスキーの《春の祭典》の上演をはじめ、二十世紀初頭の舞台芸界の風雲児で、同性愛者としても知られる人物だ。マルケヴィッチはその恋の相手のひとりでもあった。

イーゴリ・ストラヴィンスキーと組んで成功していたディアギレフは、マルケヴィッチを「第二のイーゴリ」にしようと考え、バレエを書かせるが、二九年に亡くなってしまう。マルケヴィッチはバレエ以外の分野での仕事を見つけなければならなくなった。

作曲家として作品を発表していくなかで、マルケヴィッチは自分で指揮もしたいと考えるようになる。一九三四年に指揮者ヘルマン・シェルヘンに指揮の基本を習った。

一九四〇年、マルケヴィッチはフィレンツェを訪れていたが、滞在中にドイツ軍がパリを占領したため、フランスへ帰れなくなる。そのままイタリアに留まり、反ファシストのレジスタンスに加わった。イタリア降伏後、マルケヴィッチは一九四四年からフィレンツェ五月音楽祭の指揮をすることになり、以後、専業指揮者として各地へ客演するようになる。

その一方で、一九四八年から五六年まで、ザルツブルクのモーツァルティウムで指揮のクラスを持っていた。彼は独自の指揮法を持っており、それを若者に伝授していった。

一九五四年、そのマルケヴィッチの授業を受けるためにザルツブルクに来た十一歳の少年がいた。ダニエル・バレンボイムである。「私は最年少だった」とバレンボイムは回想する。他の受講生たちは全員、二十歳を過ぎており、すでに指揮者として活動を始めている者も多かった。そんな年長のクラスメートのなかで、バレンボイム少年と親しく接してくれたのがヘルベルト・ブロムシュテットで、マルケヴィッチの助手をしていたのが、ヴォルフガング・サヴァリッシュだった。いずれも後の大指揮者だ。

パイヤールがバレンボイムやブロムシュテットたちと机を並べていたのかどうか、詳しいことは分からないが、そんな光景を想像するのは楽しい。

マルケヴィッチ指揮、ロンドン交響楽団、他
チャイコフスキー：《マンフレッド交響曲》、他
IMG Artists / 7243 5 75124 2 8

＊ジャン＝フランソワ・パイヤール
フランスのマルヌ県ヴィトリ＝ル＝フランソワで、一九二八年に生まれた。ソルボンヌ大学で数学を専攻した後、パリ音楽院で音楽学を学び、ザルツブルクのモーツァルティウム音楽院でマルケヴィチに指揮を師事。五三年にジャン＝マリー・ルクレール器楽アンサンブルを創立し、五九年にパイヤール室内管弦楽団になる。同楽団以外のオーケストラにも客演した。二〇一三年に亡くなった。

＊参考文献
パイヤール室内オーケストラ特別演奏会のプログラム、一九七〇年六月
水戸芸術館音楽紙「vivo（ヴィーヴォ）」二〇〇一年六月号
『名指揮者列伝　20世紀の40人』山崎浩太郎著、アルファベータ
『ダニエル・バレンボイム自伝（増補改訂版）』蓑田洋子訳、音楽之友社

Episode
33

別れても好きな人たち

アンドレ・プレヴィン
André Previn 1929–

指揮者、作曲家

プレヴィン指揮、ロンドン交響楽団、ミア・ファロー（ナレーター）
プロコフィエフ：《ピーターと狼》、他
WARNER / WPCS-23273

ハリウッドで映画音楽の巨匠への道を歩んでいたアンドレ・プレヴィンが、クラシックのオーケストラ指揮者へと明確に針路を変えたのは、一九六七年、ヒューストン交響楽団の音楽監督に就任した時だった。すでに六〇年からプレヴィンは指揮者として各地のオーケストラに客演していたが、その多くは地方の二流、三流の楽団だった。

それまでにプレヴィンは、ハリウッドでは《恋の手ほどき》（一九五八）、《ポギーとベス》（一九五九）、《あなただけ今晩は》（一九六三）、《マイ・フェア・レディ》（一九六四）の四作品でアカデミー賞の音楽部門で受賞している。彼の映画音楽での仕事は、作曲よりも編曲や指揮のほうが高い評価を得ていた。

　しかし、六〇年代になると映画界は斜陽化しており、音楽にフルオーケストラを使うものは減り、「映画音楽の巨匠」そのものが必要とされなくなる時代になりつつあった。彼がハリウッドに見切りをつけたのは、ある意味で先見の明があったのだ。

　ヒューストンは、プレヴィンにとって指揮者として得た初めてのまともな仕事だったが、この街が好きになれなかったのと運営委員会とうまくいかなかったため、一年で辞めてしまう。そして六八年から彼はロンドン交響楽団の首席指揮者となった。しかし、ソングライターである妻ドリーはロンドンへは行かず、アメリカに留まっていた。彼女はプレヴィンの二度目の結婚の相手で最初の妻は歌手のベティ・ベネットである。

　ロンドンへ単身赴任したプレヴィンは、偶然、女優ミア・ファローと出会った。二人はそれまでもハリウッドのパーティなどで顔を合わせたことはあったが、その程度の「知人」だった。ファローは六六年に二十一歳で五十歳のフランク・シナトラと結婚し、六八年に離婚していた。離婚直後で傷心の身だった女性の前に、妻をアメリカに置いて単身赴任している魅力的な音楽家が現れた。偶然出会った「知人」の二人は一気に恋に落ちてしまう。

　ここからは「藪(やぶ)の中」となる。ファローは、プレヴィンとドリーとの結婚生活は実質的に終わっていてそこに自分が現れたと主張する。しかしドリーは、ファローが自分たちの結婚生活を破壊したと主張する。男女間のことなので真相は分からないが、ファローは七〇年春にプレヴィンとの間に双子の男の子を出産、同年九月に二人は正式に結婚した。

この時期のプレヴィンについてファローは自伝にこう記している。

「アンドレは三十九歳にして周囲をあっと驚かす大転回を遂げる。ハリウッドにくるりと背を向け、世界的レベルのクラシック・オーケストラの指揮者を目指して転向したのだ。アンドレ・プレヴィンほどの才能を持ってしても、これはなかなか手ごわい挑戦だった。」

ファローによると、プレヴィンはリハーサル、本番、ピアノの練習で多忙で、それらの仕事がない時は楽譜と格闘し、レパートリーを開拓しようと何時間も研究を続けていた。

「彼が挑戦しようとしているものがどれほど困難なのか、少しは私にも分かっていた。けれど、アンドレがこれからの人生をどれほど仕事に注ぎ込まなければならないかは想像もつかなかった。彼自身、それをどれほど把握していたかは分からない。」


一九七〇年にプレヴィンは首相官邸でのエリザベス女王もゲストとなった晩餐会に招かれ、ファローも同行した。そこにはレナード・バーンスタインもいて、食事の前のカクテルを飲んでいる時に、「交響楽および文明一般が死に絶えつつあることをテーマになんとも気の滅入る会話をした」とファローは自伝に書いている。

当時のバーンスタインはニューヨーク・フィルハーモニックを退任したばかりで、世界各国のオーケストラを指揮するようになっていた頃だ。世界音楽界の頂点に立つ彼にしても厭世的になっていたのである。プレヴィンが進もうとしていたのは、そんな世界だった。

プレヴィンはロンドン交響楽団の仕事だけでなく、世界各地に客演していた。結婚してからの二年間で、妻ファローがプレヴィンと一緒にいたのは、たった十五日しかなかったという。この「すれ違いの生活」が離婚の原因になり、結局、二人は七九年に離婚した。この年、プレヴィンはロンドン交響楽団を退任しているので、彼のロンドン時代はファローとの結婚生活とほぼ重なる。プレヴィンとファローは映画ではなく、クラシックのレコードで共演した。プロコフィエフの《ピーターと狼》で、ファローがナレーションをしたのだ。

ファローは離婚後もプレヴィンとは良好な関係を続けていた。彼女はウッディ・アレンを次のパートナーにするのだが、正式な結婚はしなかった。

プレヴィンの後、ロンドン交響楽団は首席指揮者にクラウディオ・アバドを迎えるが、プレヴィンは桂冠指揮者としてその後もこの楽団と良好な関係を続けた。別れても愛される人なのだ。

二〇〇二年、プレヴィンは四度目の結婚をして、クラシック音楽界を驚かせた。四回という数もさることながら、相手が三十歳以上も下の、ヴァイオリニストのアンネ＝ゾフィー・ムターだったからだ。プレヴィンとムターは録音に限っても、コルンゴルトやシベリウス、チャイコフスキーの協奏曲などで共演したが、またも双方が多忙で一緒に過ごす時間が少ないのを理由に二〇〇六年に離婚した。

ムター（ヴァイオリン）、プレヴィン指揮、ボストン交響楽団
プレヴィン：ヴァイオリン協奏曲
Deutsche Grammophon / 474 500-2

＊アンドレ・プレヴィン

130ページ参照

＊参考文献

『マエストロ』第Ⅲ巻、ヘレナ・マテオプーロス著、石原俊訳、アルファベータ
『ミア・ファロー自伝　去りゆくものたち』渡辺葉訳、集英社

Episode
34

ギレリス、カラヤン、村上春樹

ラザール・ベルマン
Lazar Berman 1930–2005
ピアニスト

ベルマン(ピアノ)
リスト:《巡礼の年》(全曲)
Deutsche Grammophon / UCCG-4818/20

二〇一三年、日本で突然ベルマンが話題になった。村上春樹の新作のおかげである。

村上春樹作品には音楽がよく出てくるので、新作が出るたびに作中に出てくる演奏のCDが売れるようになっていた。二〇一三年の新作のタイトルが『色彩を持たない多崎つくると、彼の巡礼の年』だと発表されると、クラシックCD関係者の期待は高まった。リストの《巡礼の年》が出てくるのでは思われたのだ。その期待通り、《巡礼の年》が物語で重要な役割を果たしていた。作中人物が聴いていたのはラザール・ベルマンの演奏だ。しかし、この時点でベルマンの国内盤CDは廃盤となっていた。ベルマンが亡くなったのは二〇〇五年だが、すでに日本では「忘れられたピアニスト」になっていたのだ。それが思わぬかたちで再評価された。

ベルマンは、実力はありながらもソ連に生まれたがために不遇だった音楽家である。ソ連にはリヒテル、ギレリスという二大巨匠がいたが、その次、「第三の男」とでも言うべき存在が、ラザール・ベルマンだ。才能が三番目という意味ではない。登場したのが三番目という意味だ。

ベルマンが生まれたのは一九三〇年、ソ連ではスターリンの独裁体制が確立する頃だった。大粛清が一九三七年から始まり、それが収まると今度はドイツとの戦争である。そんな時代に彼は幼少期を過ごしたが、母が音楽家だったこともあり、その才能は早くから見出され、神童と呼ばれた。ベルマンは九歳でモスクワ音楽院に入り、アレクサンドル・ゴリデンヴェイゼルに師事した。ゴリデンヴェイゼルはラフマニノフやスクリャビンなどとも親交があり、ピアニストとしてよりも名教師としてロシア・ソビエト音楽史に名が残っている人だ。

当時のソ連の音楽家は外国へは自由に行けなかったが、その数少ない機会が国際コンクールだった。スポーツにおけるオリンピックのように、ソ連は国際コンクールを重視していた。

ベルマンはまず一九五一年に東ベルリンでの国際青少年音楽祭に出ることになり、国内選抜試験ではドミトリ・パパーノと争った。ともにゴリデンヴェイゼル門下でパパーノのほうが一歳上だ。最終的な判断は審査員でもあったゴリデンヴェイゼルが下し、ベルマンがベルリンへ向かった。パパーノは「ゴリデンヴェイゼルはベルマン以外の生徒には、速いテンポを誇張することを許さなかった。その結果として透明感が欠如し、ペダルが濁るからである。しかしベルマンにはそれがあっても許された。彼の驚異的な超絶技巧が、ゴリデンヴェイゼルにとってより高く評価されることだったからである」と、ベルマンが特別扱いされていたことを回想録に記している。そんなベルマンは師と国家の期待に応えて優勝した。

一九五六年はブダペストでのフランツ・リスト国際音楽コンクールと、ブリュッセルでエリザベート王妃国際音楽コンクールがあり、ベルマンはこの二つに出た。ブダペストでは三位、ブリュッセルではアシュケナージが優勝しベルマンは五位だった。アシュケナージは「ソ連からの出場者は僕の他にはもうひとり、ラザール・ベルマンだけだった。僕らは別に気が合ったってわけじゃないので、それぞれ勝手に行動した」と冷淡に振り返っている。

優勝すれば西側の興行会社やレコード会社から声がかかる。だがベルマンはこの時点では西側では注目されなかった。それでもその超絶技巧は伝説となっていく。ソ連の国営レーベルであるメロディアから発売されたリストの「超絶技巧練習曲」のレコードが西側にも輸出され、七一年にイタリアの音楽関係者がこの隠れた天才を招聘したのが、西側デビューとなる。

ベルマンのアメリカ・デビューは七六年だが、その前年（七五年）十一月に、カラヤンが指揮するベルリン・フィルハーモニーとチャイコフスキーの協奏曲を録音している。

カラヤンがベルマンと共演したのは、エミール・ギレリスから、「ベルマンという、私とリヒテルが四本の腕で対抗しても勝てそうもないピアニストがいる」と紹介されたのがきっかけだという伝説になっている。

ギレリスはおよそ商業主義とは無縁のイメージの人だが、コピーライターのセンスがある。かつてアメリカにデビューし絶賛された時も、「私よりも数倍うまいリヒテルというピアニストがいる」と言って、西側の音楽ファンを愕然とさせた。こうしてリヒテルは一度も西側で弾かないうちから伝説になり、ベルマンもまたギレリスのひとことで伝説となった。

カラヤンとのチャイコフスキーのレコードはベルマンにとって西側への名刺代わりになった。コンクールでの優勝歴はなくても「カラヤンと共演した」というのが勲章になる時代だったのだ。だが、カラヤンとのレコードでの共演はこの一回だけでコンサートでの共演もなかった。

七〇年代後半、ベルマンはソ連に国籍を置きながら西側でも演奏や録音の機会を増やしていった。しかし八〇年代に入るとソ連国内での締め付けが厳しくなり、西側へあまり出なくなる。彼がユダヤ人だったことも影響していたとされる。

やがてソ連はペレストロイカを迎え、ベルマンはついに一九九〇年にソ連を出てイタリアで暮らすようになるが、その時点ですでにカラヤンは亡くなっていた。あのチャイコフスキーは、二人の巨匠の一期一会の記録となった。
そして忘れられかけたところに、村上春樹の小説が出たのだった。

ベルマン（ピアノ）、カラヤン指揮、ベルリン・フィルハーモニー
チャイコフスキー：ピアノ協奏曲第1番
Deutsche Grammophon / 2530 677

＊ラザール・ベルマン

ソ連時代のレニングラード（現・サンクトペテルブルク）で一九三〇年に生まれた。二歳からピアノを習い始め、モスクワ音楽院へ入り、四〇年にデビュー。五一年にベルリン国際青少年音楽祭で一位、五六年にリスト国際ピアノコンクールで三位。演奏活動をしない時期もあったが、七〇年代から活動を再開し、七六年にアメリカ・デビュー。九〇年にイタリアへ移住。二〇〇五年に亡くなった。

＊参考文献

『回想・モスクワの音楽家たち』ドミトリ・パパーノ著、高久暁・原明美訳、音楽之友社
『ソビエトの名ピアニスト』ゲンナジー・ツイピン著、清水純子訳、国際文化出版社
『アシュケナージ　自由への旅』ジャスパー・パロット著、奥田恵二・奥田宏子訳、音楽之友社

Episode
35

奇妙な友情

ジャン＝ピエール・ランパル
Jean − Pierre Rampal 1922–2000

フルート奏者

ランパル（フルート）、シュタイナー指揮、読売日本交響楽団
モーツァルト：フルート協奏曲第1番、第2番
DENON / COCO73333

フルート奏者の大半はオーケストラに所属している。フリーランスで活躍するソロのフルート奏者は、ランパルによって開拓された職業と言って過言ではない。

ジャン＝ピエール・ランパルは一九二二年にフランスのマルセイユに生まれた。祖父は宝石商で、父はフルート奏者でマルセイユ音楽院の教授でもあった。フルートを初めて手にしたのは六歳の年だった。母親は息子を不安定な音楽家ではなく医者にしたかった。ランパルは音楽も好きだったが、母の希望に従っていた。一九三四年にマルセイユ音楽院に入った時も、音楽で身を立てていこうとは思っていなかったという。音楽が好きだったので通っていたのだ。しかし才能があったので、三七年にはプルミエ・プリ（一等）を取り、ピアニストのピエール・バルビゼとともにリサイタルも開いた。

ランパルは一九三九年には十七歳にして地元マルセイユではフルート奏者として有名になっていた。しかし、この年の九月、ヒトラー率いるドイツがポーランドに侵攻し、第二次世界大戦が始まった。フランスは四〇年に降伏し、ランパルのいたマルセイユはヴィシー政権の統治下となった。このフランスの政権はナチスの傀儡だった。

それでもナチスが直接支配しているパリよりはましだというので、多くの音楽家がマルセイユにやって来た。若いランパルにとっては「憧れのパリ」が引っ越してきたようなものだった。多くの演奏会に通い、そして多くの音楽家と親しくなった。

一九四三年、戦争はまだ続いていたが、ランパルはパリ音楽院に入った。どうしてももっと学びたくなったのだ。ところが、マルセイユで戦闘が始まったとの報せが届く。連合軍が攻めてきたのだ。フランス人にとって連合軍は解放軍なのだが、戦闘で街が破壊され死傷者が出る。ランパルは危険を承知で家族のためにマルセイユに戻った。音楽どころではなくなった。四五年春にドイツが降伏すると、ランパルはパリへ戻った。

同じ時期にパリ音楽院に入り、メシアンのもとで学んでいたのが、ピエール・ブーレーズである。ブーレーズのほうが三歳下になる。

当時のブーレーズはランパルによると、「好きな作曲家はまったくなかった」「彼は反抗的で、彼を楽しませる音楽はほとんどなかった」という青年だった。ブーレーズは後に、ランパルがモーツァルトのフルート協奏曲を演奏した時には指揮をしているし、C・P・E・バッハの協奏曲の録音でも指揮するが、音楽院にいた頃は、そんな雰囲気の青年ではなかったようだ。

バロック音楽の名手のイメージが強いランパルだが、同時代の音楽家の作品も好んでいた。十二音音楽も演奏しており、シェーンベルクの《月に憑かれたピエロ》も録音しており、友人となったブーレーズの曲にもトライしたことがある。

一九四六年、ブーレーズは「フルートとピアノのためのソナチネ」を書き、ランパルに献呈した。さっそくランパルは演奏しようとしたが、その手書きのスコアは「小節線もその他役に立つ記号は何もない」楽譜だった。ランパルは「強い情緒的な魅力を持つ曲」だとは思ったが、判読して練習するだけの時間的な余裕がなかった。

何度かやりとりをしたが、結局、ブーレーズはランパルが望む読みやすい楽譜は送ってくれず、他のフルート奏者が初演した。後に出版譜を見て、こういうかたちで見せてくれたら、努力して学んだのにと残念がった。そして、この曲を「心電計がだめになるほどのスピードで飛ばす印象的で精力的な作品」と評している。

ブーレーズの作品を「演奏するチャンスは、来ては去った。とても好きだったから、不幸なことではあった」とランパルは回想し、演奏はしなかったものの、ブーレーズからランパルへの献呈の辞のついたスコアを持っていると記している。

戦後の荒廃したパリでは、音楽が求められていた。ランパルはコンサートやラジオ放送、そしてレコードで活躍していった。

ランパルのレコードでのキャリアの最初期に、パスキエ三重奏団との共演がある。このトリオは三人の兄弟が一九二七年に結成したもので、長男ジャンがヴァイオリン、次男ピエールがヴィオラ、三男エチエンヌがチェロである。彼らの両親がともに音楽家だったので、このような奇跡的なトリオが誕生し、活躍していた。しかしエチエンヌは三九年に招集され、ドイツ軍に捕らえられて捕虜収容所に入れられた。そこでメシアンと一緒になり、四重奏曲《時の終わりへ》の収容所内での初演のメンバーのひとりとなったことでも知られる。

エチエンヌはメシアンとともに四一年に解放され、戦後のこの時期には兄たちとのトリオを再結成していた。彼らは「パリで最高の、当時おそらく世界で最高のトリオ」だったとランパルは書いている。そんな巨匠たちのもとへランパルは「モーツァルトのフルート四重奏曲を共演してほしい」と申し出た。そしてパスキエ・トリオは快諾したのだ。

若い世代が台頭するのを、戦前から活躍している音楽家たちが後押しした。こうしてランパルやブーレーズたちフランスの戦後第一世代は世に出ていく。後にランパルが親しくなるアイザック・スターンやロストロポーヴィチも同世代である。

＊ジャン＝ピエール・ランパル

フランスのマルセイユで一九二二年に、音楽院教授の子として生まれた。父からフルートを学んでいたが、医科大学へ進学。戦争中の四三年にパリ音楽院に入学し、五カ月で卒業。ヴィシー歌劇場管弦楽団に入るが、四七年にジュネーヴ国際コンクールで優勝、五六年から六二年までパリ・オペラ座管弦楽団の首席奏者。退団後はソロのフルート奏者として活躍し、その傍ら、フランス管楽五重奏団とパリ・バロック合奏団を結成。二〇〇〇年に亡くなった。

＊参考文献

『音楽、わが愛』ジャン＝ピエール・ランパル著、吉田雅夫訳、シンフォニア
『時の終わりへ　メシアン・カルテットの物語』レベッカ・リシン著、藤田優里子訳、アルファベータ

ランパル（フルート）、パスキエ・トリオ
モーツァルト：フルート四重奏曲
グリーンドア音楽出版 / GDFS-0033

パスキエ・トリオ
モーツァルト：四つの前奏曲とフーガ、ディヴェルティメント
Music & Arts / M&A1233

Episode 36

あるカップル

シャルル・デュトワ
Charles Dutoit 1936–

指揮者

デュトワ指揮、モントリオール交響楽団、アルゲリッチ（ピアノ）
ショパン：ピアノ協奏曲第１番、第２番
EMI / TOCE-55033

第二次世界大戦中のスイスには、ヨーロッパ各地、とくにドイツからナチスの迫害と戦禍を逃れて、フルトヴェングラーやシューリヒト、ピアニストのディヌ・リパッティやクララ・ハスキルといった、多くの音楽家がやって来た。ナチスと戦争のおかげでスイスは音楽的には恩恵を受けた国である。戦後の混乱期も、戦災の被害がなかったためにスイス音楽界は、ドイツやオーストリアに先駆けて黄金時代を築いた。

このスイス音楽界の中心にいたのが、スイス・ロマンド管弦楽団の創設者でもあったエルネスト・アンセルメである。彼は戦争を挟んで半世紀にわたりスイス音楽界のトップにあった。

したがってこの時代のスイスに生まれた音楽家であれば、誰もが「アンセルメの弟子」と言っても過言ではない。ローザンヌで生まれたデュトワもそのひとりだ。

シャルル・デュトワは幼少期からピアノ、ヴァイオリン、ヴィオラ、打楽器などさまざまな楽器を学んだ。故郷ローザンヌの音楽院で音楽理論を学び、ついでジュネーヴの音楽院でも作曲や指揮を学ぶ。この時期にスイス・ロマンド管弦楽団のリハーサルを見学し、アンセルメの指揮を見て、この大指揮者と話す機会も得た。だからアンセルメとデュトワが師弟関係にあるといっても、音楽院で教わったわけではない。

アンセルメの次にデュトワを間接的に教えた大物指揮者は、ヘルベルト・フォン・カラヤンだった。デュトワはヴァイオリンやヴィオラ奏者としてオーケストラのエキストラで稼いでいた時期がある。そんな時に夏のルツェルン音楽祭で、カラヤンの指揮のもとで演奏したのだ。オーケストラの一員としてカラヤンのもとで演奏し、後に指揮者に転じた人としては、他にウィーン交響楽団出身のアーノンクールもいる。

さらにデュトワはタングルウッド音楽祭に参加し、シャルル・ミュンシュに師事している。同世代の小澤征爾もそうだが、デュトワは何人もの大物指揮者から学んだ幸運な青年である。デュトワの指揮者デビューは一九五九年一月、ローザンヌ放送管弦楽団である。彼がヴィオラ奏者としてよく加わっていた楽団だった。この時、ラヴェルのピアノ協奏曲では、十七歳の若いピアニストが共演した。そのピアニストはアルゼンチン生まれで、五七年に十六歳にして、ブゾーニ国際ピアノ・コンクールとジュネーヴ国際音楽コンクールで優勝した天才だった。マルタ・アルゲリッチである。彼女はコンクール後、ジュネーヴで暮らしていたのだ。

デビュー・コンサートは成功し、デュトワは指揮者として順調なスタートを切った。六七年からは初めての常任ポストとしてベルン交響楽団の首席指揮者になった。一方、アルゲリッチは、精神的に追い詰められ、一時、公の場では弾けなくなっていた。

そんなある日、ベルンの街角でデュトワはアルゲリッチとばったり会った。彼はその日、フリードリヒ・グルダとモーツァルトの協奏曲を演奏することになっていた。そう告げると、アルゲリッチは聴きに行きたいと言い、一緒に演奏会場へ向かった。この再会がきっかけで二人は恋に落ち、六九年に結婚した。デュトワにとっては二度目の結婚だった。

この結婚生活は、五年で終わった。デュトワの女性関係が原因だった。七四年、デュトワとアルゲリッチが来日した際、彼とヴァイオリニストのチョン・キョンファとの動かぬ証拠を見つけたアルゲリッチは彼のもとを去り、公演もキャンセルし、七五年に協議離婚した。デュトワとチョンとの関係の真偽のほどは定かではない。

デュトワは七七年からはモントリオール交響楽団の音楽監督となり、同楽団の名を高め、彼の名も高まった。一九九一年からはフランス国立管弦楽団の音楽監督も引き受け、大西洋をはさむカナダとフランスとを往復する日々となった。これに加えて九六年十二月には、NHK交響楽団の、同楽団としては三十一年ぶりとなる常任指揮者に就任し、翌年からは同楽団初の音楽監督となった。

離婚後も、デュトワとアルゲリッチとは共演していたが、いやな思い出があるせいか、日本での共演はなかった。それが実現したのが、九六年十二月の、N響創立七十周年記念特別演奏会で、ショパンの協奏曲第一番で共演した。七四年はアルゲリッチがキャンセルしたので、この時が日本での初共演だった。

日本公演を終えたアルゲリッチは、体調が思わしくなく、検査を受けると肺に悪性黒色腫が転移していた。彼女は前年に腿に悪性黒色腫ができ、手術をしていたのだった。肺の手術は難しいものだったが、生還した。

二〇〇一年のデュトワとN響のヨーロッパ・ツアーでも、アルゲリッチは共演し、彼の音楽監督として最後のシーズンになる二〇〇三年のロシア、ヨーロッパへのツアーでも共演が予定された。

だが、日本を出発する二日前になって、アルゲリッチが全公演をキャンセルすると伝えてきて、デュトワに衝撃を与えた。といってもデュトワとトラブルがあったわけではない。健康診断で胃に影が見つかり、再検査をするというのが理由だった。

ツアーはプレトニョフやフォークトが代役を務めて成功し、アルゲリッチも無事だった。

＊シャルル・デュトワ
スイスのローザンヌで一九三六年に生まれ、生地とジュネーヴの音楽院で学ぶ。ヴィオラ奏者から指揮者となり、ベルン交響楽団、チューリヒ放送管弦楽団、エーテボリ交響楽団、モントリオール交響楽団、フランス国立管弦楽団、NHK交響楽団、フィラデルフィア管弦楽団、ヴェルビエ祝祭管弦楽団、ロイヤル・フィルハーモニー管弦楽団で音楽監督等を務める。

＊参考文献
『N響80年全記録』佐野之彦著、文藝春秋
『マルタ・アルゲリッチ　子供と魔法』オリヴィエ・ベラミー著、藤本優子訳、音楽之友社

Episode
37

ドイツとユダヤの和解のために

ダニエル・バレンボイム
Daniel Barenboim 1942–

指揮者、ピアニスト

バレンボイム指揮、ベルリン・シュターツカペレ
ベートーヴェン：交響曲第４番、第５番
Teldec / WPCS-22125

ダニエル・バレンボイムの仕事は、ピアノ演奏、コンサートとオペラの指揮だけではない。ヒトラーのナチスによって関係修復が不可能なまでに切り裂かれた「ドイツとユダヤ」の和解にこれほど尽力している人もいない。イスラエルがドイツ音楽を受け容れるにはさまざまなプロセスがあり、その多くに、バレンボイムが関わっている。

一九三三年一月にヒトラー政権が樹立されると、ワルターをはじめとするユダヤ系の音楽家たちが次々とドイツを去った。コンサートの公演プログラムからは、メンデルスゾーンやマーラーなどユダヤ系の音楽家の作品が消えた。

ドイツにおける「ユダヤ系音楽の不在」はナチス政権崩壊によって解消され、ドイツ音楽界には、少なくとも表面的・公的にはユダヤ・タブーはない。だが、被害者であるユダヤの側はそうはいかない。アイザック・スターンやアルトゥール・ルービンシュタインのようにドイツでの演奏を拒むユダヤ系演奏家もいた。

南米アルゼンチンで生まれたバレンボイムは、両親ともユダヤ人である。しかし彼は積極的にドイツ音楽を演奏し続けた。

戦後二十六年目となる一九七一年六月、バリトン歌手ディートリヒ・フィッシャー＝ディースカウがイスラエルへ演奏旅行をした。このツアーで、シューベルトの歌曲でピアノ伴奏をし、マーラーの《さすらう若人の歌》ではオーケストラ（イスラエル・フィルハーモニック）を指揮したのが、バレンボイムだった。二人は六九年から共演し、親しくなっていたのだ。

フィッシャー＝ディースカウとの出会い、つまり「声楽」との出会いが、バレンボイムのオペラ指揮者への出発点となる。ピアニストだったバレンボイムは幼少期からオペラに親しんでいたわけではなかったが、プロの演奏家になってから、リートの伴奏や合唱の指揮を通して声楽への興味と理解を深めていく。一方、ピアノやオーケストラの音楽を通じてモーツァルトに親しんでいたので、そのオペラにも興味を持った。

一九七三年のエディンバラ音楽祭で、バレンボイムの初のオペラ指揮が実現する。《ドン・ジョヴァンニ》である。少年時代にフルトヴェングラーのリハーサルを見学した、その演目だ。かくしてオペラ指揮者バレンボイムは誕生した。

七八年にバレンボイムは初めてベルリン・ドイツ・オペラへ行き、《フィガロの結婚》と《トリスタンとイゾルデ》を指揮した。八一年からはバイロイト音楽祭でも指揮し、一気にワーグナー指揮者になっていく。八七年にはパリの新しい歌劇場、八九年に開場される予定のバスティーユ・オペラの音楽監督に決まった。だが、八八年の大統領選挙後のミッテラン政権の人事異動で着任した総監督と衝突し、八九年春に解任された。

同じ頃、カラヤンがベルリン・フィルハーモニーの藝術監督を辞任し、首席指揮者不在となった。一流の指揮者は数年先まで日程が決まっている。そんな時にバレンボイムのスケジュールが急に空いたのだ。双方にとって渡りに船だった。バレンボイムはアバドが正式に着任する九〇年秋まで、ベルリン・フィルハーモニーの実質的な首席指揮者となった。八九年十一月九日夜から十日にかけてベルリンの壁が崩壊すると、十二日にベルリン・フィルハーモニーは東ベルリン市民を招いたコンサートを開いたが、それを指揮したのもバレンボイムだった。

イスラエルはドイツ音楽とドイツの音楽家を徐々に受け容れていったが、例外がナチス党員であったカラヤンとヒトラーが心酔し「ナチスの音楽」のイメージが強いワーグナーだった。

カラヤンがいたためベルリン・フィルハーモニーもイスラエルへ行けなかったが、カラヤンが亡くなった後の九〇年四月に、バレンボイムが指揮することで、ようやくイスラエル・ツアーが実現した。残るはワーグナーだ。

言うまでもなく、ワーグナーはヒトラーが生まれる前に死んでおり、ホロコーストに対する直接の責任はない。イスラエルがワーグナー作品の公の場での演奏を禁止することに論理的整合性はない。感情論である。かつてナチス・ドイツがユダヤ人音楽家を排除したのと同じではないかとの批判も成り立つ。だが、感情があるから人は音楽に感動する。難しい問題だ。

一九九二年からバレンボイムはベルリン州立歌劇場音楽総監督となり、十年目の二〇〇一年、同歌劇場のオーケストラがイスラエルで公演した。指揮はもちろんバレンボイムである。当初は《ワルキューレ》第一幕を演奏会形式で演奏することになっていたが、イスラエル政府が認めず、プログラムは変更された。

七月七日、予定されていた曲が終わりアンコールとなると、バレンボイムは聴衆に、「聴いていただけるのであれば、《トリスタンとイゾルデ》の前奏曲と『愛の死』を演奏したいのだが」と呼びかけ、客席は騒然となった。四十分にわたり聴衆と激論が交わされ、「帰りたい方は帰って、聴きたい方だけ残ってください」となり、ようやく演奏された。

イスラエル初の、演奏会の場でのワーグナーだった（レコードは売られていた）。しかし、このアンコールでのワーグナーは政治問題化し、バレンボイムは一部の政治勢力から批判された。

バレンボイムはそれでも諦めず、イスラエルとアラブ諸国との友好のため、ウェスト＝イースタン・ディヴァン管弦楽団を創設するなど、活動を続けている。

＊ダニエル・バレンボイム
アルゼンチンのブエノスアイレスで一九四二年に生まれた。両親とも音楽家で幼少期からピアノを学び、七歳で初リサイタル。戦後、イスラエルへ移住し、五〇年代はピアニストとして活躍していたが、六〇年代から指揮も始め、パリ管弦楽団、シカゴ交響楽団、ベルリン州立歌劇場、ミラノ・スカラ座で音楽監督等を務める。イスラエルとアラブ諸国の若手演奏家によるウェスト＝イースタン・ディヴァン管弦楽団を九九年に創設。

＊参考文献
『ダニエル・バレンボイム自伝』増補改訂版　蓑田洋子訳、音楽之友社
『フィッシャー＝ディースカウ』ケネス・S・ホイットン著、小林利之訳、東京創元社

Episode 38

亡命チェリストの系譜

ミッシャ・マイスキー
Mischa Maisky 1948–

チェリスト

マイスキー（チェロ）、バーンスタイン指揮、イスラエル・フィルハーモニック
ドヴォルザーク：チェロ協奏曲、他
Deutsche Grammophon / POCG-1595 427 347-2

ナチス・ドイツによるホロコーストが終わってもユダヤ人の受難は終わらなかった。戦勝国のひとつであるソ連もまた一党独裁の強権国家であり、ユダヤ人差別の強い国だった。ユダヤ人にとっては一難去ってまた一難となる。

ミッシャ・マイスキーは戦後の一九四八年に、当時はソ連の構成国だったラトヴィアの首都リガで生まれた。この都市ではその一年前にギドン・クレーメルが生まれている。

マイスキーがチャイコフスキー・コンクールで六位となり注目されたのは一九六六年、十八

歳の年だった。彼はロストロポーヴィチの弟子となり、学んでいた。

世の中にはひとつひとつの出来事としてはたいしたことがなくても、それが同時期に重なると大きな悲劇になることがある。マイスキーを襲ったのが、その類の悲劇だった。

マイスキーが演奏家としてこれからという一九六九年一月に、姉がイスラエルに移住した。夫もユダヤ人で、その母がイスラエルに移住することになり、一緒に出たのである。姉のイスラエル移住は合法的なものだった。しかし、やがてマイスキーの奨学金はカットされ、出演が予定されていた演奏会のキャンセルが続く。外国での演奏会への出演を申請しても許可されなかった。姉がイスラエルに行ったということで、ユダヤ人差別が露骨になされるようになったのだ。

ソ連を代表する音楽家であるロストロポーヴィチに学ぶことも、一九六六年の時点では何の問題もなかった。六八年の「プラハの春」へのソ連軍の介入も、政治的には大きな事件だが、ソ連の音楽家の生活には何も関係がないように思えた。ロストロポーヴィチが作家ソルジェニーツィンと知り合うことも、藝術家同士の友情だけのはずだった。

だが、国際政治の渦に、ロストロポーヴィチとマイスキーの師弟は呑み込まれていく。

反体制作家となったソルジェニーツィンを擁護したことで、ロストロポーヴィチは反国家的人物となった。その近くにいるマイスキーも当局からマークされるようになる。ただでさえ、ユダヤ人として差別されやすいのに、反体制の著名人の弟子となってしまったのだから、彼が監視下に置かれるのは当然だった。

しかし、純粋な青年であるマイスキーには国家の悪意は想像もつかない。

マイスキーはロストロポーヴィチの講義を録音するために、テープレコーダを買おうとした。当時のソ連では外国製品は国家が認めた外貨ショップでしか買えず、そこで買うには特別の許可が必要だった。マイスキーは、その許可証を怪しげな人物から買った。すると、それを理由に、一九七〇年七月、彼は為替法違反で逮捕された。二十二歳の夏だった。十月に裁判があり、当然のように有罪となり、強制収容所に送られた。

裁判で彼を擁護したのは、チェロ奏者のナターリャ・グートマンだけだった。この行為によって、彼女も国外に出られなくなった。グートマンが国外への演奏旅行を許可されるのは、七八年まで待たねばならない。さらに彼女の夫でヴァイオリニストのオレグ・カガンにもその累は及んだ。それればかりか、離婚して別れた前夫は逮捕された。

師ロストロポーヴィチも、できるだけのことはした。演奏家としての将来を考慮して、強制労働は仕方がないとしても手を酷使する仕事はさせないでくれとの書状を当局に送った。しかし、反体制音楽家の嘆願など無視され、マイスキーはセメント運びの強制労働をさせられた。

自伝によれば、「くる日もくる日もセメントと格闘した」という。しかし、「いつも指だけには必要以上に注意を払った。もしも、折れたり傷ついたりしたらチェロが弾けなくなるからだ」。

演奏家は、「一日練習をしないと自分で分かり、二日しないと共演者に分かり、三日しないと聴衆に分かる」と言われる。マイスキーはしかし、勾留四カ月、強制労働一年半の間は、チェロに触ることもできなかったのである。

釈放されたマイスキーは、すぐに移民の手続きをとろうとした。もはや、こんな国にはいたくなかった。このままソ連にいたのでは年齢的に徴兵となり、三年の軍隊生活になるのが予想された。またもその間、チェロから離れることになる。それは避けたい。そこで彼は友人の知り合いの精神科の医師に頼み、二カ月間にわたり入院させてもらった。精神科病院での入院歴があると徴兵に取られないのである。

こうして、前科者で精神科病院入院歴ありという経歴となったマイスキーは、七二年十一月、ウィーン経由で、テルアヴィヴに向かい、第二の人生をスタートさせた。

マイスキーは七三年八月、パブロ・カザルスと会い、バッハの無伴奏チェロ組曲を聴いてもらった。祖国カタルーニャを思いながらも、そこに帰れなかった巨匠が九十六歳で亡くなるのはその二カ月後だ。

七四年にはアメリカのカリフォルニアで余生を送っていたロシア出身のチェリスト、グレゴール・ピアティゴルスキーに四カ月、師事した。この巨匠が亡くなるのはその二年後なのでマイスキーは「最後の弟子」と言っていい。

カザルス、ピアティゴルスキー、ロストロポーヴィチという二十世紀の偉大なチェリスト三人は、ともに祖国から離れて生きた人でもある。そして、マイスキーも、そんな亡命音楽家の系譜にある。

＊ミッシャ・マイスキー
ソ連時代のラトヴィアのリガで一九四八年に生まれた。生地とレニングラード（現・サンクトペテルブルク）の音楽院で学び、六六年にチャイコフスキー・コンクールで入賞。その後、ロストロポーヴィチに師事。七二年にイスラエルへ移住し、七三年にカサド国際チェロ・コンクールで優勝した後、世界的に活躍している。

＊参考文献
『ミッシャ・マイスキー「わが真実」 魂のチェリスト』伊熊よし子著、小学館
『ロストロポーヴィチ伝 巨匠が語る音楽の教え、演奏家の魂』エリザベス・ウィルソン著、木村博江訳、音楽之友社

Episode
39

恋人は大ピアニスト

ミシェル・ベロフ
Michel Béroff 1950–

ピアニスト

ベロフ(ピアノ)
ドビュッシー：前奏曲集第１巻、第２巻
EMI / TOCE-7081

一九八五年十月、ウラディーミル・ホロヴィッツは三十年ぶりにパリで演奏した。この巨匠と親しくしていたフランスのピアニスト、ジャン＝フィリップ・コラールは、演奏が終わると巨匠夫妻と一緒のリムジンに乗った。そのコラールによると、

「熱狂的な聴衆がリムジンに手を触れ、追いかけて走りました。よく見ると……楽屋口の聴衆のなかに、ニキータ・マガロフ、マルタ・アルゲリッチ、ミシェル・ベロフなどの名演奏家たちの姿もありました。」

おそらく、この三人以外にも何人ものピアニストが会場にいたに違いない。

マガロフは一九一二年にロシアのサンクトペテルブルクの貴族の家に生まれ、革命後は故国を出て、パリ音楽院で学んだ。ホロヴィッツよりも歳下だが、ロシアを出たのは先だ。アルゲリッチがホロヴィッツに憧れ、弟子入りを志願したエピソードはよく知られている。

では、ベロフとホロヴィッツとの関係は？　もちろんベロフもホロヴィッツの演奏に興味はあっただろう。だが、おそらくこの時の彼は付き合っていた恋人に連れられて、この演奏会に来たに違いない。彼の当時の恋人は九歳上のマルタ・アルゲリッチだった。

ミシェル・ベロフは一九五〇年に生まれ、パリ音楽院で学んだ。一九六七年、十七歳の年にパリで初めてのリサイタルを開き、さらに第一回オリヴィエ・メシアン国際コンクールで優勝した。コンクールで優勝すると、ベロフはメシアン自身からその音楽を学ぶ機会を得た。メシアンはベロフにレッスンし、録音する時には必ず事前に聴いたという。若くしてメシアンの大家となったベロフは、ドビュッシー、プロコフィエフ、ストラヴィンスキーなどもレパートリーにして活躍していた。

そんなベロフがアルゲリッチと出会ったのは、一九八三年だった。アルゲリッチが弾くショパンの協奏曲を聴いたベロフは感激した。まだ会ったことはなかったが、楽屋を訪ねた。それが出会いだった。当時三十二歳のベロフはこの年上の女性に夢中になってしまった。

当時のアルゲリッチは七四年に指揮者シャルル・デュトワと離婚した後、ピアニストのスティーヴン・コヴァセヴィチと暮らし娘が生まれたが、その関係も終わっていた。つまり、特定の男性はいなかった。そこにハンサムで才能ある若いピアニストが現れたのだ。ベロフは、ジュネーヴのアルゲリッチの家で暮らすようになる。

同業のカップルがうまくいかなくなるのは、どちらかが才能の差を見せつけられることに、耐えられなくなるケースが多い。二人の場合、ベロフがピアノを弾けなくなるというかたちで現れた。

ベロフがある朝、新聞を読もうと手にとった時、急に右手の指が動かなくなったのだ。痛みは日に日に強くなった。医師は過労だと診断した。たしかにピアニストは腕を酷使する。ベロフは休養をとることにした。アルゲリッチも、ベロフの休養に協力した。それでも、なかなか快復しないので、アルゲリッチは医師を求めて奔走してくれた。

ベロフ自身はこう語っている。

「最初は身体的な問題だと思っていましたが、その後精神面の問題も生じ、それらが複合した問題となって、まったくどうしてよいか分からなくなりました。過度の練習のせいなのか、それとも練習が足りなかったせいなのか、私には分かりませんでした」

オリヴィエ・ベラミーによるアルゲリッチの伝記では、アルゲリッチに原因があったことになっている。といって彼女に非があるのではない。アルゲリッチがたいして練習もしないのに、強大でパワフルで、しかも美しい演奏を、苦もなくしていることに、ベロフが焦ってしまい、さらに自分がアルゲリッチの真似をしてしまうことを恐れるようになった——そういうストレスで、ベロフは弾けなくなったという。はたしてそれだけが理由なのかどうかは、ベロフ自身にも分からないだろう。

一九八七年、アルゲリッチはクラウディオ・アバド指揮ロンドン交響楽団と、ラヴェルの協奏曲をレコーディングした。当初「左手のための協奏曲」もアルゲリッチが演奏する予定だったが、彼女はベロフに演奏させるよう頼み、それが実現した。この曲は第一次世界大戦で右腕を失くしたピアニストの依頼で書かれた、左手だけで弾ける作品だ。アルゲリッチとしては、これをきっかけにしてベロフが快復すれば、との思いだったはずだ。

しかし、そういうアルゲリッチの思いも、ベロフには負担となったのかもしれない。ベラミーによる伝記には、「ベロフは絶望し、マルタの存在に耐えられなくなった」とある。ともあれ、四年にわたる二人の関係は終わり、ベロフはパリへ帰るのである。

ベロフがステージで弾けるようになるまでには、結局、七年の歳月を必要とした。彼は「気持ちがリラックスすると、自然に身体も協調して、最終的に快復することができました」と振り返っている。

アルゲリッチについては「偉大なピアニストです。彼女には独自のインスピレーションと音楽性があり、あの超絶技巧は、誰もが称讃せざるをえません」と今も絶賛している。

アルゲリッチ（ピアノ）、ベロフ（ピアノ）、アバド指揮、ロンドン交響楽団
ラヴェル：ピアノ協奏曲、左手のためのピアノ協奏曲、他
Deutsche Grammophon / PROC-1527

＊ミシェル・ベロフ

フランスのエピナルで一九五〇年に生まれた。九歳でナンシー音楽院に入り、コレに師事。メシアンと出会い、その勧めでパリ音楽院へ進み、サンカン、ロリオに師事。六七年にメシアン国際コンクールで優勝。右手の故障で演奏できない時期もあったが九〇年代に復帰。フランス近現代音楽が得意で、なかでもドビュッシーはピアノ作品全曲を二度、録音している。

＊参考文献

『音符ではなく、音楽を！　ピアニストが語る！　現代の世界的ピアニストたちとの対話　第二巻』焦元溥著、森岡葉訳、アルファベータブックス
『マルタ・アルゲリッチ　子供と魔法』オリヴィエ・ベラミー著、藤本優子訳、音楽之友社

Episode
40

フリッチャイが見出した大歌手

バリトン歌手

ディートリヒ・フィッシャー＝ディースカウ
Dietrich Fischer – Dieskau 1925–2012

ナチス・ドイツはユダヤ人だけでなく、ドイツ人にも災厄をもたらした。

一九二五年生まれのバリトン歌手ディートリヒ・フィッシャー＝ディースカウは、青少年期がナチス時代にぶつかったドイツ人だ。父は学校長だったが音楽好きでオペレッタを自作してもいたし、母はアマチュアのピアニストだったので、音楽は身近なものだった。しかし、彼がピアノ・レッスンを受け始めたのは九歳からで、いわゆる神童伝説はない。少年時代になったところでナチス政権となり、彼もヒトラー・ユーゲントに加入させられたが、なじめなかったらしい。そして、フィッシャー＝ディースカウが十四歳の年に戦争が始まった。

フィッシャー＝ディースカウ（バリトン）、他
シューベルト：《冬の旅》
EMI / TOCE-14096

戦争中にフィッシャー＝ディースカウは歌手として活躍するようになり、四三年一月三十一日にはシューベルトの《冬の旅》全曲のリサイタルを開いた。ところが演奏が始まってしばらくたつと、空襲警報が鳴り、リサイタルは中断、聴衆たちは防空壕へ避難した。そして三時間後、フィッシャー＝ディースカウが会場に戻ると、聴衆たちも全員が戻っていたという。

四三年暮れ、もはやドイツは敗北へ向かっていたが、十八歳になっていたフィッシャー＝ディースカウも、多くの青年と同様に軍に召集された。音楽家としての才能も将来性も考慮されなかった。彼はイタリア戦線へ送られ、そこで敗戦を迎えると、アメリカ軍に捕まり、イタリアの捕虜収容所に入れられた。二年間にわたるイタリアでの捕虜生活のおかげで、彼はイタリア語を学んだ。

フィッシャー＝ディースカウが、米英仏ソ四カ国が分割統治するドイツへ帰還したのは一九四七年のことだ。この年の九月、ブラームスの《ドイツ・レクイエム》のコンサートで、予定していたバリトン歌手が急病になると、フィッシャー＝ディースカウが代役に起用された。彼はリハーサルなしのぶっつけ本番でやってのけた。

このコンサートを、ベルリンのアメリカ占領地区放送局（ＲＩＡＳ）の音楽部門のディレクター、エルザ・シラーが聴いていた。彼女はユダヤ人でテレージエンシュタットの強制収容所から生還したひとりだった。シラーはすぐにフィッシャー＝ディースカウの才能を見抜き、ＲＩ

ＡＳの音楽番組に出演させ、《冬の旅》を歌わせた。彼の名は、一躍、知られるようになった。

一九四八年五月、フィッシャー＝ディースカウは初めてオペラにも挑んだ。モーツァルトの初期の《バスティアンとバスティエンヌ》だが、これは短い作品なのでオペラに出たとは言えない。しかしこの年の秋、フィッシャー＝ディースカウはベルリン市立歌劇場のオーディションを受けると、すぐに採用された。

当時の歌劇場の総監督は、ナチス時代のドイツ・オペラ界の実力者のひとりで、ベルリン州立歌劇場総監督などを務めていたハインツ・ティーティエンだった。彼はその経歴ゆえに戦後は復権が遅れ、四八年になってようやくこのポストを得たのだ。ティーティエンはオペラの経験がほとんどないこの青年を採用すると、ヴェルディの《ドン・カルロ》のロドリーゴに抜擢した。公演は四週間後だった。

フィッシャー＝ディースカウは、同歌劇場の音楽監督に就任したばかりの指揮者、フィレンツ・フリッチャイを訪ねた。稽古をつけてもらうためだった。

フリッチャイは一九一四年生まれのハンガリー人だ。フィッシャー＝ディースカウより十歳ほど上になる。戦前から活躍しており軍楽隊を指揮していた。ハンガリーは戦争ではドイツ側について闘ったが、前線には行かなかった。

フィッシャー＝ディースカウがフリッチャイの部屋へ行くと、この指揮者はピアノの横に、厚手のオーバーを着て立っていた。敗戦直後のベルリンではストーブは贅沢品で部屋は寒かったのだ。フィッシャー＝ディースカウが《ドン・カルロ》のロドリーゴのパートを歌うと、指揮者は言った。

「もうベルリンで、イタリア人バリトンを見つける必要はなくなった」

オペラ歌手、ディートリヒ・フィッシャー＝ディースカウが誕生した瞬間だった。

フリッチャイは自ら歌いながら、フィッシャー＝ディースカウを指導していった。フリッチャイが指揮し、フィッシャー＝ディースカウが歌った《ドン・カルロ》は四八年十一月十八日が初日で、大成功した。

以後、フリッチャイとフィッシャー＝ディースカウは、公演、放送、録音などで数々の作品を共演した。

しかし、二人の関係はそう長くは続かなかった。フリッチャイが白血病に冒されたからだ。最後の共演は、六一年秋のベルリン・ドイツ・オペラの開場公演でのモーツァルトの《ドン・ジョヴァンニ》だった。フリッチャイは痩せこけた姿でリハーサルに現れたが、公演は完璧に指揮した。しかし、この年の十二月でフリッチャイは演奏活動の継続を断念して治療に専念することになる。そして、六三年二月二十日に四十八歳で亡くなった。

一九六三年の秋、ベルリン・ドイツ・オペラは、日生劇場の柿落（こけら）としのために来日した。ディートリヒ・フィッシャー＝ディースカウもその引っ越し公演のメンバーのひとりだった。この時、指揮をしたのはベームとマゼールだった。

フリッチャイ指揮、ベルリン放送交響楽団
チャイコフスキー：交響曲第６番《悲愴》
Deutsche Grammophon / POCG-1957 447 456-2

＊ディートリヒ・フィッシャー＝ディースカウ
ベルリン近郊で一九二五年に生まれた。両親とも教育者だった。変声期後の十六歳から正式に声楽を学び、ベルリンの音楽院へ入るが、戦争のため兵役につき、連合国軍の捕虜になる。戦後の四七年に自由の身となり、ベルリン市立歌劇場（現・ベルリン・ドイツ・オペラ）の専属歌手となったのを皮切りに、世界各地の歌劇場に出演。歌曲でも、ドイツ・リートと二十世紀の声楽曲の大半を歌い、録音した。二〇一二年に亡くなった。

＊参考文献
『フィッシャー＝ディースカウ』ケネス・S・ホイットン著、小林利之訳、東京創元社
『伝説の指揮者　フェレンツ・フリッチャイ』フェレンツ・フリッチャイ著、フリードリヒ・ヘルツフェルト編、野口剛夫訳編、アルファベータブックス

Episode
41

一度だけのレッスン

リヒャルト・シュトラウス
Richard Strauss 1864–1949

作曲家、指揮者

カラヤン指揮、ベルリン・フィルハーモニー
リヒャルト・シュトラウス：《英雄の生涯》
Deutsche Grammophon / 415 508-1

リヒャルト・シュトラウスは演奏が録音として遺されている最初の世代だ。一八六四年生まれなので、一八六〇年生まれのマーラーの四歳下、トスカニーニの三歳上である。マーラーがもし五十歳という若さで一九一〇年に亡くなっていなかったら録音が遺っていただろうし、存命中から作曲家として高い評価を受けていただろう。しかし、もしマーラーが八十歳まで生きていたら、晩年がナチス・ドイツの時代とぶつかるので大きな不幸が彼を襲ったに違いない。

ナチスが政権を獲った一九三三年、シュトラウスは七十歳になる直前で、ドイツ音楽界の長老格だった。彼はゲッベルスが作った全国音楽院総裁になった。「ドイツのクラシック音楽のため」になり、音楽家の経済的地位向上にもつながると思い引き受けたのだ。

ナチス時代と青年期がぶつかったのがカラヤンだ。シュトラウスとは四十四歳の差になる。二人が最初に会ったのは一九四〇年二月十八日で、この日、三十一歳の若き青年指揮者カラヤンはベルリン州立歌劇場でシュトラウスの《エレクトラ》を指揮したのだ。カラヤンがベルリンにデビューしたのは三八年なので、二シーズン目にあたる。

シュトラウスは三五年の《無口な女》初演時の、台本を書いたシュテファン・ツヴァイクの名をパンフレットに載せるかどうかのトラブルをきっかけに、全国音楽院総裁をすでに辞任していた。ナチス政権との関係は悪化していたが、亡命することはなかった。《平和の日》《ダフネ》などがこの間に作曲・初演されている。

一九三九／四〇年シーズンはシュトラウスの生誕七十五年にあたり、カラヤンが指揮する《エレクトラ》は記念公演のひとつだったので、桟敷席にはシュトラウス本人がいた。彼はピットのカラヤンを見て驚いた。この若い指揮者は譜面を見ずに暗譜で指揮していたのだ。隣に歌劇場総監督のハインツ・ティーティエンがいたので、シュトラウスは「あの、イタズラ坊主を見てごらん」と言った。このオペラを暗譜で振るなど、とんでもないことだったのだ。

終演後、青年指揮者は作曲者と対面し「これまでに聴いたなかで、最高の《エレクトラ》だったよ」と褒められた。しかし、そんな見え透いたお世辞を喜ぶカラヤンではなかった。

「そんな言葉は聞きたくありません。悪かった点をおっしゃってください」

シュトラウスはこの若い指揮者が気に入ったようで、翌日の昼食に招待することにした。

そして翌日、カラヤンはこの巨匠と会食した。二人がじっくり話した唯一の機会だ。

「きみは音楽を明確に表した」とシュトラウスは言った。「ここにフォルテピアノ、ここにアクセントといった具合にだ。しかし、そんなことはちっとも重要ではない。ほんのもう少し、指揮棒にゆとりを持たせなさい」

この言葉をカラヤンはこう解釈した。「音楽を流れるままに自然に任せなさいということだ」。

シュトラウスは若き日のカラヤンにとって、直接、指揮について教えてもらった唯一の巨匠指揮者と言っていい。


ナチスのユダヤ人への弾圧が激化してくると、シュトラウスは苦悩の日々を送る。息子の妻がユダヤ系だったのである。一九四四年、息子夫婦がゲシュタポに拘束される事態になった。しかし、どうにかシュトラウスの人脈で息子夫婦は助かった。だが、戦後になって判明するのだが、息子の妻の一族二十六名がテレージエンシュタット収容所で殺されていた。

カラヤンはナチスに入党したこともあって、順調に音楽界で出世していったが、四二年十月の二度目の結婚の相手が四分の一ユダヤ人だったことから、ナチスから離党する。もっとも、カラヤンは離党したと主張するが、そうではないとの説もある。いずれにしろ戦況が思わしくないこともあり、この頃からカラヤンの仕事は減っていく。干されてしまったのだ。

ドイツ敗戦後の連合国による「非ナチ化」では、シュトラウスもカラヤンも、ナチスとの関係が追及された。しかし、フルトヴェングラーやベームらも含め、ほとんどの音楽家たちは、一九四七年から四八年には音楽界に復帰した。

敗戦の年に三十七歳となるカラヤンにとっては、いよいよこれから、という時期だ。四六年の時点ではまだ演奏会での活動が禁止されていたが、カラヤンはレコード録音という新たな分野での活動を始めた。その戦後最初期の録音のひとつに、ウィーン・フィルハーモニーとのシュトラウスの二十三の弦楽器による《メタモルフォーゼン》がある。四七年十月下旬から十一月にかけてレコーディングされたが、この時、カラヤンは、二十三の弦楽器ではいい効果が出ないと判断し、共通の知人を通してシュトラウスに連絡を取り、「もっと弦を増やしてもいいでしょうか」と尋ねた。

作曲家は「どうせもう弦楽器奏者たちを用意しているんだろう。ま、やらせてみよう」と許可したという。

敗戦を八十歳で迎えたシュトラウスにとっては、もう残された時間は少なかった。彼は一九四九年九月に八十五歳で亡くなる。

　カラヤンのドイツ・グラモフォンへの戦後最初のレコーディングは《英雄の生涯》であり、ザルツブルク祝祭大劇場の開場公演は《ばらの騎士》で、最初のCDは《アルプス交響曲》だった。カラヤンにとってシュトラウスは「勝負曲」の作曲家でもあった。

カラヤン指揮、ウィーン・フィルハーモニー
R.シュトラウス：《メタモルフォーゼン》、他
EMI/CMS7 63326 2

＊リヒャルト・シュトラウス

バイエルン王国（現・ドイツ）のミュンヘンで、一八六四年に宮廷歌劇場の首席ホルン奏者を父として生まれ、音楽教育を受けた。マイニンゲン宮廷楽団、ワイマール宮廷歌劇場、ベルリン・フィルハーモニー、ウィーン・フィルハーモニーなどで音楽監督、客演指揮者として活躍した。作曲家としては、交響詩とオペラに多くの傑作を遺した。一九四九年に亡くなった。

＊参考文献

『リヒャルト・シュトラウス』岡田暁生著、音楽之友社
『カラヤンの遺言』リチャード・オズボーン著、高橋伯夫訳、JICC出版局
『ヘルベルト・フォン・カラヤン』リチャード・オズボーン著、木村博江訳、白水社

Episode 42

スカラ座の女王のご指名

レナード・バーンスタイン
Leonard Bernstein 1918–1990

指揮者、作曲家

バーンスタイン指揮、ニューヨーク・フィルハーモニック
ショスタコーヴィチ：交響曲第5番、他
ORFEO / C 819 101 B

レナード・バーンスタインのニューヨーク・フィルハーモニックへのデビューは伝説となっている。一九四三年十一月十四日、ブルーノ・ワルターが急病になると、そのシーズンから副指揮者として契約していた若きバーンスタインがぶっつけ本番で代役となり、大成功した。

それから十年後、この青年は同じようにほとんど準備をしないままにオペラ指揮者としてデビューする。しかも世界有数の歌劇場、ミラノのスカラ座で。

ニューヨーク・フィルハーモニーへのデビューは大成功したが、二十五歳の青年がすぐにメジャー・オーケストラの常任指揮者になれるほど世の中、甘くはない。バーンスタインはフリーの指揮者として、アメリカのみならず、ヨーロッパ各地に客演する日々を送り、その一方でシリアスな交響曲を書き、ブロードウェイのミュージカルも書くという、八面六臂の活躍をしていく。しかし、そのなかにオペラの仕事はなかった。

そんなオペラ未経験の指揮者が、いきなりオペラの殿堂たるスカラ座にデビューしたのだ。それは、スカラ座の新しい女王、マリア・カラスの強い意向だった。

カラスがスカラ座に本格的に登場したのは五一年秋からのシーズンである。当時のスカラ座にはレナータ・テバルディというプリマドンナがいたので、二人は競い合った。三シーズン目になる五三年秋のカラスの演目は当初は別の作品が予定されていたが、直前になってケルビーニの《メデア》に変更された。この作品はカラスがフィレンツェで上演し大成功していたのだ。だが、スカラ座にはこの作品を振れる指揮者がいなかった。フィレンツェでこの作品を振ったヴィットリオ・グイも巨匠ヴィクトール・デ・サバータも他の予定が入っていた。

打ち合わせの席でカラスが「数日前にラジオで聴いた演奏が素晴らしかった」と言い出した。その指揮者を探してきてくれと言う。歌劇場にとってプリマドンナの命令は絶対である。支配人はすぐに調べて、カラスがラジオで聴いた演奏を指揮していたのが、アメリカの若い指揮者だと突き止めた。

一九五三年秋からのシーズン、バーンスタインはまず南米へ行き、それからイスラエルへ向かい、その後にイタリアを訪問し各地でコンサートを指揮していた。そのどれかが放送され、たまたまカラスが聴いていたのである。

スカラ座はバーンスタインの居場所も調べ、すぐに連絡が取られた。イタリアにいるのだから日程的には無理すれば可能だったが、彼は《メデア》を知らなかったので断った。それでもとカラスが電話で直接説得し、バーンスタインのスカラ座デビューが決まった。本番六日前のことだった。バーンスタインは五日でこのオペラのスコアを覚え、十二月十日の公演に臨んだ。

これがバーンスタインのオペラ・デビューだった。公演は大成功した。バーンスタインはまたも伝説を作ったのだ。

バーンスタインとカラスの《メデア》は十二月十日の初日の次が十二日で、バーンスタインはこれを終えるといったんアメリカへ戻り、すぐにまたミラノへ飛び、十二月二十九日と一月二日と六日の公演を指揮した。その直後の一月十八日のカラス主演の《ランメルモールのルチア》を指揮したのは、当時スカラ座の指揮者陣のひとりだったカラヤンである。

《メデア》公演の時、カラヤンもイタリアにいたので、後に最大のライバルになる二人は出会い、親しくなった。バーンスタインは妻フェリシアへの手紙に「フォン・カラヤンとじつにいい友人になった。きみも彼に夢中になるよ。ナチの友だちなんて初めてだ」と書いている。

バーンスタインは五五年三月から四月にかけても、スカラ座でカラスの《夢遊病の女》を指揮した。演出はルキノ・ヴィスコンティである。二人の共演は、しかしこれが最後となる。

カラスのスカラ座時代は、太く短く、実質的には一九五六年で終わった。その掉尾(ちょうび)を飾るのが、六月のスカラ座としてのウィーン国立歌劇場への引っ越し公演で、それを指揮したのはカラヤンだった。この公演の最中にウィーン国立歌劇場の監督にカラヤンが就任すると決まった。カラヤンはその前年にベルリン・フィルハーモニー音楽監督の座も射止めていた。

バーンスタインもついに五七年にニューヨーク・フィルハーモニックの首席指揮者になり、五八年からは音楽監督になった。ブロードウェイで《ウエストサイドストーリー》が大ヒットしたのもこの時期だ。アメリカ音楽界のスーパースターの誕生だった。

ニューヨーク・フィルハーモニックの音楽監督バーンスタインは、五八年十一月にはさっそく友人カラヤンを客演させた。だがリハーサルにテレビカメラを入れるかどうかでトラブルとなり、以後、二人は疎遠になってしまう。二人はあまりにも大物になってしまった。取り巻きが多く直に会うことができなくなってしまい、関係修復の機会はカラヤンの死の直前までなかった。

カラスは五六年秋からニューヨークのメトロポリタン歌劇場に出るようになるが、そこでのバーンスタインとの共演はならなかった。

二人の指揮者が頂点に達した時期、二人より若いカラスの全盛期は終わろうとしていた。

カラス（ソプラノ）、バーンスタイン指揮、スカラ座
ケルビーニ：《メデア》
EMI / TOCE-59428·29

＊レナード・バーンスタイン
アメリカのマサチューセッツ州ローレンスで、一九一八年に生まれた。父はロシアから移民したユダヤ人。ハーヴァード大学とカーティス音楽院で作曲と指揮を学ぶ。交響曲やミュージカルを作曲。指揮者としてはニューヨーク・フィルハーモニックの音楽監督を五八年から六九年まで務め、以後は世界各地のオーケストラに客演。平和運動にも尽力し、ベルリンの壁崩壊、東欧民主化を見届けて九〇年に亡くなった。

＊参考文献
『バーンスタインの生涯』ハンフリー・バートン著、棚橋志行訳、福武書店
『レナード・バーンスタイン』ジョーン・パイザー著、鈴木主税訳、文藝春秋
『マリア・カラス』ユルゲン・ケスティング著、鳴海史生訳、アルファベータ

Episode
43

コルトーの弟子たち

ディヌ・リパッティ
Dinu Lipatti 1917–1950
ピアニスト

サンソン・フランソワ
Samson François 1924–1970
ピアニスト

リパッティ(ピアノ)
ショパン：ワルツ集(全14曲)、他
EMI / TOCE-14026

フランソワ(ピアノ)
ショパン：夜想曲集
ERATO / WPCS-23295/6

アルフレッド・コルトーは自身が優れた演奏家であるだけでなく、教育者としても音楽界に多大な貢献をしている。彼が才能を発見し、あるいは教えたピアニストは数多くいるが、なかでも有名なのが、リパッティとフランソワである。彼らはコルトーと出会わなくてもいずれは世に出ただろうが、もしかしたら埋もれたままだったかもしれない。

ディヌ・リパッティは一九一七年にルーマニアのブカレストに生まれた。父は外交官だったがヴァイオリンのコレクターとしても知られ、母はピアニストで、名付け親はジョルジュ・エネスクなのだから、音楽家になるのは生まれた時から約束されていたようなものだ。

リパッティは一九三二年にブカレスト音楽院を卒業し、翌三三年六月にウィーンでの国際ピアノ・コンクールに出た。しかし優勝はボレスラウ・コーンというポーランド人で、リパッティは二位になった。しかもその二位にはもうひとり別のピアニストもいた。この結果に異議を唱えた審査員がコルトーだった。しかし、「リパッティはまだ若いのでこれからもチャンスがあるが、コーンはこれが最後のチャンスだ」との意見が大勢となった。

怒ったコルトーは審査員を辞任し、その理由も公表した。そしてリパッティに「パリに来て、エコール・ノルマルで勉強しないか」と誘ったのだ。エコール・ノルマルはコルトーが創立した学校である。こうしてリパッティは三四年十一月にエコール・ノルマル・ド・ミュジックに入り、パリの音楽界にデビューする。

サンソン・フランソワはリパッティの七歳下になる。一九二四年、ドイツのフランクフルトでフランス人の両親のもとに生まれた。父は仕事をよく変える人で、そのたびに引っ越した。両親とも音楽家ではないが、フランソワは四歳からピアノを習い、どこへ引っ越しても続けた。

一家がとりあえずニースに落ち着いたのは一九三三年、フランソワが九歳の年だった。彼はニースの音楽院に入ると、翌三四年にはピアノで二等賞、さらに三五年には一等賞を取った。そんな時、コルトーが演奏会のためにニースを訪れた。コルトーはフランソワを紹介され、その演奏を聴くと感動し、「彼の非凡な才能を開花させるためにはパリで学ぶことが不可欠だ」とフランソワの両親に伝えた。

こうして十一歳になるフランソワはパリへ向かった。エコール・ノルマルでコルトーのクラスに入るが、直接レッスンをしたのはイヴォンヌ・ルフェビュールだった。ルフェビュールの教育方針は想像力を重視するもので、自由に演奏させた。しかしコルトーは、フランソワを完璧な音楽家にするためには規律も必要だと考えた。フランソワは三八年秋から、パリ音楽院でマルグリット・ロンに師事する。ロンは厳しい教師で時には平手打ちを喰らうこともあったが、フランソワは別にこの師を恨んではいない。

フランソワがパリで学んでいる頃、リパッティはすでに演奏会で活躍していた。三五年五月にはパリで初のリサイタルを開いている。

一九三九年――ヨーロッパにとって最後の平和な夏を、フランソワはマルセイユ近郊で楽しく過ごしていた。夏が終わりパリへ帰ると、ドイツがポーランドに侵攻し戦争が始まった。

フランスもドイツに宣戦布告したが、戦闘はなかなか始まらなかった。しかし翌四〇年五月、フランスはドイツに攻め込まれるとすぐに降伏し、傀儡のヴィシー政権が成立した。

コルトーは政治に関与するタイプの藝術家だった。ヴィシー政権の国民教育省顧問や音楽藝術及び音楽教育専門委員会の委員長になるなど、藝術文化行政に携わった。彼としてはフランスのため藝術のための活動なのだが、戦後、ナチス協力者と見られてしまう。

リパッティはパリが陥落すると、故郷のブカレストへ帰った。リパッティの故国ルーマニアは、戦争が始まるとドイツ側につき枢軸国として戦っていた。以後、彼はブカレストを拠点にドイツやドイツ占領地域で演奏していた。

パリはドイツ軍の占領下に置かれたが、音楽院の授業はすぐに再開した。フランソワは十月には音楽院のプルミエ・プリを獲得し、パリとマルセイユを行き来していた。四三年十一月にはロン＝ティボー・コンクールで優勝した。

リパッティが原因不明の高熱に悩まされるようになるのは、戦争中の四三年秋からだった。彼の命を奪うリンパ腫との闘病の始まりだった。

戦争が終わると、コルトーはナチスに協力したとして、しばらく演奏ができなくなった。しかし、ナチス協力者の容疑もなく健康だったフランソワは、戦争が終わると同時にフランスの若きスター演奏家になった。時は、彼に味方したのだ。四七年には初めてレコーディングした。

一九四九年のフランスのACC（アカデミー・ド・シャルル・クロ主催）ディスク大賞の選考で、フランソワは最終候補に残った。しかし大賞は病と闘っているリパッティが受賞した。そのせいではないだろうが、フランソワは五二年までレコーディングはしなくなる。

リパッティは、闘病生活もむなしく、五〇年十二月に三十三歳で亡くなった。コルトーは一九六二年に八十四歳で亡くなった。天寿をまっとうしたと言っていいだろう。しかしフランソワは七〇年に、四十六歳の若さで亡くなった。師は長寿でも、弟子は二人とも早逝だった。

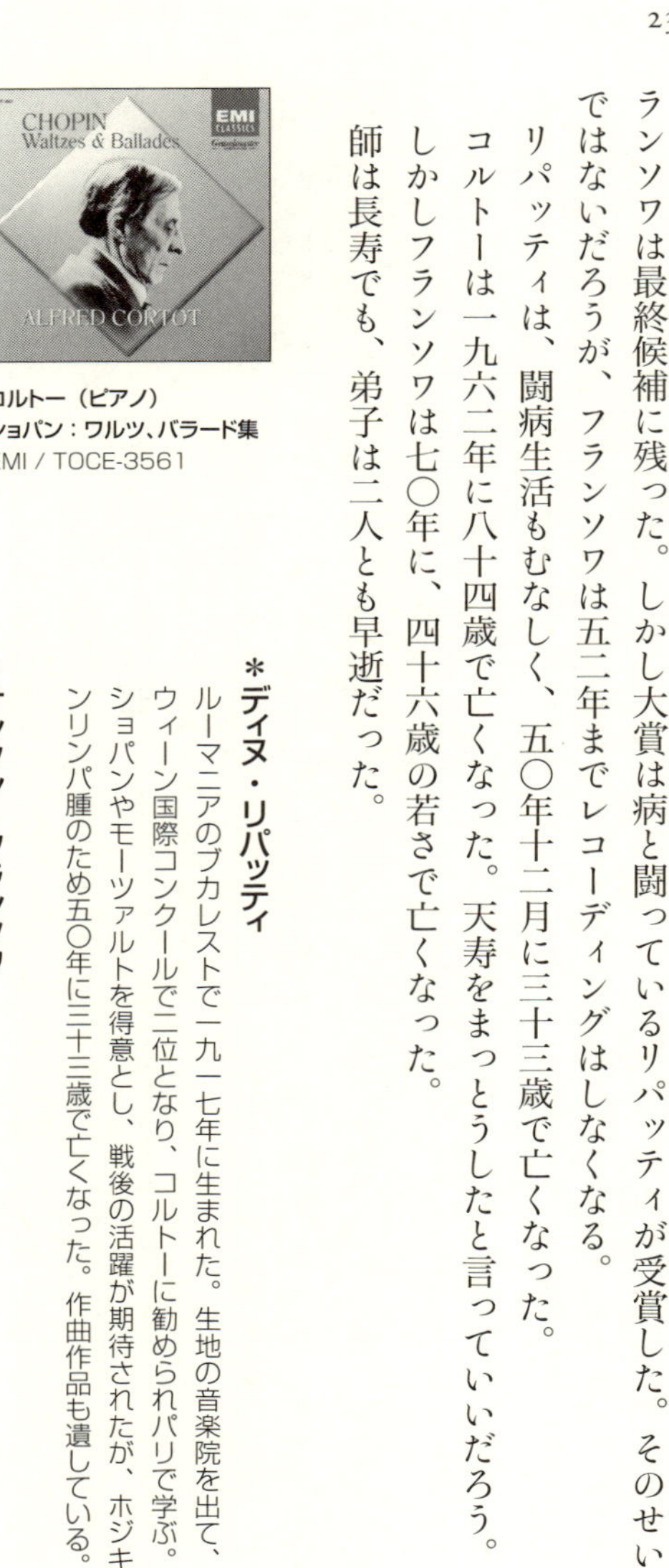

コルトー（ピアノ）
ショパン：ワルツ、バラード集
EMI / TOCE-3561

＊ディヌ・リパッティ
ルーマニアのブカレストで一九一七年に生まれた。生地の音楽院を出て、ウィーン国際コンクールで二位となり、コルトーに勧められパリで学ぶ。ショパンやモーツァルトを得意とし、戦後の活躍が期待されたが、ホジキンリンパ腫のため五〇年に三十三歳で亡くなった。作曲作品も遺している。

＊サンソン・フランソワ
ドイツのフランクフルトで一九二四年に生まれたがフランス人。エコール・ノルマル、パリ音楽院で学び、四三年にロン＝ティボー・コンクールで一位。ショパン、ドビュッシー、ラヴェルを得意とし、ジャズも弾いた。七〇年

に心臓発作で急死した。

＊参考文献

『サンソン・フランソワ　ピアノの詩人』ジャン・ロワ著、遠山菜穂美・伊藤制子訳、ヤマハミュージックメディア
『ピアニスト　フランソワの〈粋〉を聴く』船倉武一著、アルファベータ
『ディヌ・リパッティ伝説の天才ピアニスト　夭折の生涯と音楽』畠山陸雄著、ショパン
『アルフレッド・コルトー』ベルナール・ガヴォティ著、遠山一行・徳田陽彦訳、白水社

Episode
44

かつてのライバルは最晩年の友

ゲオルク・ショルティ
Georg Solti 1912–1997

指揮者

ショルティ指揮、シカゴ交響楽団
モーツァルト：交響曲第 38 番、第 39 番
DECCA / UCCD-3746

ゲオルク・ショルティのレコードでの偉業としては、デッカで録音したワーグナーの《ニーベルングの指環》全曲録音が真っ先に挙げられる。一九五八年から六五年までの足掛け八年にわたる仕事だった。このレコーディングによって彼が得たものは多いが、失ったものもある。

ショルティの《指環》はウィーン・フィルハーモニーが演奏した。このオーケストラは毎晩、国立歌劇場のピットに入りオペラを演奏し、昼間や夏休みなどオペラ公演のない自由時間に、自主組織のウィーン・フィルハーモニーとして活動する。レコーディングは余暇での仕事だ。

ショルティの《指環》が録音されていた時期のウィーン国立歌劇場の藝術監督はカラヤンで

ある。カラヤンは一九〇八年生まれ、ショルティは一二年生まれだから、ほぼ同世代と言っていい。しかし、この時期のカラヤンはウィーンだけでなく、ベルリン・フィルハーモニーとザルツブルク音楽祭の監督でもあり、まさに、「帝王」だった。ショルティの楽壇でのポジションと知名度はカラヤンよりかなり下だった。

カラヤンがウィーン国立歌劇場で最初に取り組んだ大きなプロジェクトが《指環》で、五七年から、指揮するだけでなく演出まで手がけて上演していた。カラヤンはデッカとも契約し、同時期にウィーン・フィルハーモニーと《オテロ》《アイーダ》などのオペラも録音していたから、契約上はカラヤンが《指環》をデッカで録音するのは可能だった。それなのに、デッカのプロデューサー、ジョン・カルショーは《指環》や《トリスタンとイゾルデ》の指揮にショルティを起用した。

かくしてウィーンの演奏家たちは同じ曲を、昼間はショルティと録音し、夜はカラヤンと歌劇場で演奏することになった。当然、カラヤンとしては穏やかではない。そのためかどうかは分からない。ショルティはカラヤンが監督となる前の一九五五年のザルツブルク音楽祭に、フルトヴェングラーに招かれて《魔笛》を指揮したが、以後は七八年と八一年にシカゴ交響楽団と客演したのみだった。誰の目にも、カラヤンがショルティを排除しているように見えた。

ショルティはカラヤンのことを「ワーグナー以降最大の音楽界の黒幕とも言えるだろう」と

評し、「カラヤンの私に対する態度を、私は大いなる賛辞と受け取った」と書く。ライバルとして認めてくれたという意味だ。二人がケンカをしたとか、大声で怒鳴りあったことはない。ショルティによるとカラヤンと会ったのは、六〇年代後半に、ウィーン・フィルハーモニーのツアーでベルリンへ行った際に、ベルリン・フィルハーモニーが開いたパーティの会場で、「当り障りのないおしゃべり」をした時だけだったという。

カラヤンが本当に「黒幕」だったのかどうかは分からない。周囲の関係者が帝王の気持ちを忖度して、ショルティを音楽祭から排除していただけかもしれない。

時は流れて一九八六年——ショルティはザルツブルクから二年後の、八八年のイースター音楽祭でベルリン・フィルハーモニーを指揮してくれとの依頼を受けた。ショルティは依頼してきた事務局長に「カラヤンの承諾を得ているのか」と訊いた。すると「カラヤン自身の提案である」との答えだった。しかし、同時期にシカゴ交響楽団とのツアーの予定が入っていた。ショルティが断ると、では同年夏の音楽祭はどうかという。ショルティは引き受けて、八八年夏のザルツブルク音楽祭でウィーン・フィルハーモニーを指揮した。さらに翌八九年のイースター音楽祭でベルリン・フィルハーモニーのコンサートを指揮することになった。

八九年のイースター音楽祭でカラヤンは《トスカ》と二つのコンサートを指揮し、ショルティはコンサートをひとつ受け持った。この時ショルティはさらに先の、九二年の音楽祭での《影のない女》の指揮をカラヤンから直接、依頼された。カラヤンは三年後の自分にはオペラの指揮など無理だと予感していたのだろう。

なぜ最晩年のカラヤンは、何の親交もないショルティに助けを求めたのだろう。ショルティ自身、「なぜカラヤンが急に私への態度を軟化させたのか分からない」と書いている。親交がないということは、いい感情もなければ、悪い感情もないのだ。カラヤンは自分の音楽祭を委ねるのに誰がふさわしいのかを、藝術面とビジネス面で判断し、ショルティという結論を得たのだろう。あるいは、カラヤンはこの時期、バーンスタインとも急速に親しくなっているから、死が近いのを予感し――たしかにいつ亡くなってもおかしくない年齢だった――誰からも惜しまれて死にたいと、本能的にかつてのライバルたちと和解したのかもしれない。

イースターから四カ月後の七月十六日、カラヤンは急死した。

ザルツブルク音楽祭では二十七日からカラヤンの指揮でドミンゴ主演の《仮面舞踏会》が予定され、リハーサルも始まっていた。音楽祭事務局はショルティに代役を依頼した。しかし彼はこのオペラを二十年以上指揮していないので断り、音楽祭に出演するアバドやムーティを推薦した。しかし、たとえうまくやってもカラヤンと比較される仕事は誰もやりたがらない。今度はドミンゴが自らショルティに電話をして「助けてください」と頼んだ。
こうしてショルティは、誰も引き受けたがらない「カラヤンの代役」を引き受けた。
ショルティがザルツブルク音楽祭でオペラを指揮するのは、実に三十三年ぶりだった。

＊ゲオルク・ショルティ
ハンガリーのブダペストで一九一二年に生まれた。リスト音楽院でバルトーク、コダーイに学ぶ。三〇年、ブダペスト歌劇場の練習指揮者になるが戦争が始まる三九年にスイスへ亡命。ピアニストだったが指揮者に転向し、バイエルン、フランクフルト、ロンドン等の歌劇場で指揮し、六九年から九一年までシカゴ交響楽団音楽監督を務める。レパートリーは幅広い。オペラではワーグナーの十作品の録音が偉業。九七年に亡くなった。

＊参考文献
『ショルティ自伝』木村博江訳、草思社
『ニーベルングの指環』ジョン・カルショー著、山崎浩太郎訳、学習研究社
『ヘルベルト・フォン・カラヤン』リチャード・オズボーン著、木村博江訳、白水社

Episode 45

ホロヴィッツに憧れて

マルタ・アルゲリッチ
Martha Argerich 1941–

ピアニスト

アルゲリッチ（ピアノ）、フェルバー指揮、ハイルブロン・ヴュルテンベルク室内管弦楽団、他
ショスタコーヴィチ：ピアノ協奏曲第1番、他
Deutsche Grammophon / 439 864-2

グルダ、ブレンデル、グールド、アシュケナージ、ポリーニ、バレンボイムといった、一九三〇年代から四〇年代に生まれたピアニストたちがデビューしたのは一九五〇年代半ばから六〇年代半ばにかけて——つまり、ウラディミール・ホロヴィッツがコンサートからリタイアしていた時期でもある。この二十世紀最大のピアニストは、一九五三年二月二十五日のカーネギー・ホールでの演奏会を最後に、聴衆のいる前での演奏はしなくなっていた。まるでその空白を埋めるために、若いピアニストたちが次々とデビューしたかのようだ。

彼らはホロヴィッツの演奏を、コンサートや放送やレコードで聴いて育った世代でもある。

そのなかでも最もホロヴィッツに憧れていたのが、マルタ・アルゲリッチだった。

アルゲリッチは一九五七年にブゾーニ国際ピアノ・コンクールで優勝し、その名と才能を知られるようになった。六〇年にはドイツ・グラモフォンからレコード・デビューもしたが、その後、まるでホロヴィッツを真似したかのように演奏活動をやめてしまう。ハードな日程での演奏活動に心身ともに疲れてしまったのだ。そんなある日、アルゲリッチのもとに、彼女のレコードを聴いたホロヴィッツから賞賛の手紙が届いた。ホロヴィッツはアルゲリッチとは一面識もなかったのに、レコードに感銘して手紙を書いたのだった。

スランプに陥ったアルゲリッチはミケランジェリのもとへ行き、一年半にわたり師事するのだが、その間に受けたレッスンは四回だけだった。これ以上、ミケランジェリのもとにいても得るものはないと判断し、一九六三年初頭、アルゲリッチは憧れのホロヴィッツに弟子入りするため、ニューヨークへ向かった。

しかし、ホロヴィッツは弟子を取らないことでも知られていた。アルゲリッチが面会を求めても、なかなか会おうとしなかった。ようやくアポイントメントが取れたのだが、いざ会えるとなると、アルゲリッチのほうが怖気づいてキャンセルしたという。この件については、アルゲリッチに言わせると、「会える」という確約は取れなかったそうだし、怖気づいたのでもないらしい。ホロヴィッツのほうが、自分と似たタイプのピアニストに会うのを避けたという説もあれば、彼の妻ワンダが若いアルゲリッチに嫉妬して会わせなかったという噂もある。

このように諸説あるが、ともあれ、ホロヴィッツに弟子入りしようというアルゲリッチの望みは断たれ、彼女はヨーロッパへ帰った。


一九六五年三月十三日、アルゲリッチはワルシャワで開催されたショパン・コンクールで優勝した。その三カ月後の五月九日、ホロヴィッツは十二年ぶりにコンサートに復帰した。「ヒストリック・リターン」と称される歴史的な演奏会だ。アルゲリッチはこの演奏会は聴きに行かず、祝電を打っただけだった。

復帰はしたものの、ホロヴィッツの演奏会は年に数回で、七〇年から七四年はまたも一回もステージに立たなかった。彼が演奏することそのものが、常に歴史的イベントとなった。

アルゲリッチが聴いたと確認できるホロヴィッツの演奏会は、まず七六年のロサンゼルスでの演奏会で、リストのロ短調ソナタなどを聴いた。終演後、アルゲリッチが楽屋を訪ねると、彼女に気づいたホロヴィッツが「あなたこそ、最高だ」と叫んだので、彼女が「それはあなたのことです」と言い返したという逸話がある。しかし、どうも会話はこれだけだったようだ。

七八年一月八日、ホロヴィッツがオーマンディ指揮ニューヨーク・フィルハーモニックと共演したラフマニノフの協奏曲第三番の演奏会も、アルゲリッチは聴いた。ホロヴィッツのアメリカ・デビュー五十年記念の演奏会だ。この時、彼女の隣にいたのは、ネルソン・フレイレだった。ブラジル出身のフレイレはウィーンに留学していた時期にアルゲリッチと知り合った。二人はすぐに意気投合し、六八年には最初のデュオ演奏会を開いたが、あまりうまくいかず、七七年に再挑戦し、今度はうまくいった。ホロヴィッツを聴きに行ったのはデュオで演奏していた時期にあたる。

一九八五年十月、ホロヴィッツが三十年ぶりにパリで演奏した演奏会にも、アルゲリッチは聴きに行った。この時に一緒だったのはミシェル・ベロフだった。リサイタルが終わり、楽屋を出てリムジンに乗ったホロヴィッツ夫妻を追いかけるファンのなかに、アルゲリッチもいた。ホロヴィッツは「ああ、彼らも聴きに来てくれたんだね」と得意そうに言った。

ホロヴィッツと親交のあった、フランスのピアニスト、ジャン＝フィリップ・コラールは、「ホロヴィッツは、アルゲリッチが自分と同じように弾ける唯一のピアニストであることを認めていた」と証言し、「二人とも自由な心の持ち主で、ピアノを思いのままに操り、一瞬にして聴く人を征服する恐るべき能力を持ったピアニストである」と評している。

じっくり話したことはなくても、ホロヴィッツからアルゲリッチへは、何かが伝わっている

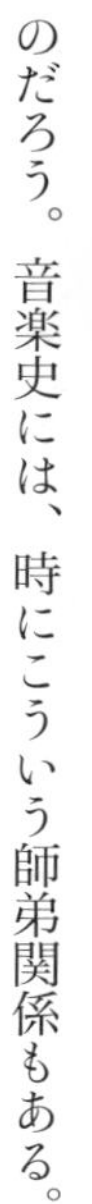
のだろう。音楽史には、時にこういう師弟関係もある。

ホロヴィッツ（ピアノ）、オーマンディ指揮、ニューヨーク・フィルハーモニック
ラフマニノフ：ピアノ協奏曲第３番、他
RCA / 09026-61564-2
（1978年1月8日、アルゲリッチが聴いたコンサート）

＊マルタ・アルゲリッチ
アルゼンチンのブエノスアイレスで一九四一年に生まれた。父方の祖先はスペインのカタロニア地方出身。二歳八カ月からピアノを弾き始める。五五年に一家でオーストリアのウィーンへ移住し、フリードリヒ・グルダに師事。五七年、ブゾーニとジュネーヴのコンクールで優勝、六五年にショパン国際ピアノコンクールで優勝し、世界的ピアニストに。八〇年代半ばからは室内楽での演奏が多い。日本では九八年から別府アルゲリッチ音楽祭を主宰。

＊参考文献
『マルタ・アルゲリッチ　子供と魔法』オリヴィエ・ベラミー著、藤本優子訳、音楽之友社
『音符ではなく、音楽を！　ピアニストが語る！　現代の世界的ピアニストたちとの対話　第二巻』焦元溥著、森岡葉訳、アルファベータブックス
『ホロヴィッツの遺産　録音と映像のすべて』石井義興・木下淳編著、アルファベータブックス

Episode
46

閉ざされていた扉

ワレリー・ゲルギエフ
Valery Gergiev 1953–

指揮者

ゲルギエフ指揮、キーロフ歌劇場管弦楽団、ロッテルダム・フィルハーモニー
ショスタコーヴィチ：交響曲第7番《レニングラード》
PHILIPS / UCCP-1073
470 845-2

音楽院で教え、個別に弟子を取る音楽家は多いが、私財を投じてコンクールを開いた人は、そうはいない。ヘルベルト・フォン・カラヤンはその数少ないひとりだ。カラヤンが私財を投じて作った財団が主催する、カラヤン国際指揮者コンクールは、一九六九年に始まり、隔年で八回、一九八五年まで開催された。音楽で築いた資産を後進の発掘のために費やしたのは、カラヤンの、あまり語られることのない功績である。計八回のコンクールでは合計二十五名が賞を得たが、カラヤンの妻エリエッテの評価では、七一年のマリス・ヤンソンスと、七七年のワレリー・ゲルギエフの二人が「一流指揮者の仲間入りを果たした」という。

ゲルギエフは一九五三年五月二日にモスクワで生まれた。その二カ月前の三月五日にスターリンとプロコフィエフが亡くなっている。ひとりは間接的にひとりは直接的に二十世紀の音楽に影響を与えた人物だ。

ゲルギエフは音楽家の家に生まれたわけではなかったが、隣人に音楽家がいたので彼の才能が見出され、レニングラード（現・サンクトペテルブルク）音楽院で学ぶ。ここでの師がイリア・ムーシンである。ロシアの音楽教師として名高いひとだ。一九〇四年に生まれ、若き日にはソ連へ客演したブルーノ・ワルターやオットー・クレンペラーのリハーサルに立ち会っている。この体験をもとに、ドイツの指揮法を生徒たちに伝えていった。そんな名教師のもとで学び、ゲルギエフは一九七六年に全ソ連指揮者コンクールで優勝し、その翌年にカラヤン・コンクールに出たのだ。

国内コンクールで優勝し、翌年に国際コンクールでも優勝（一位なしの二位）したのだから、すぐに世界各国のオーケストラから客演依頼が来てもおかしくない。しかし、時代は東西冷戦下だった。「世界中で活躍」どころか、ゲルギエフはその後四年間、西側諸国に出ることができなかった。ソ連の国営音楽代理店ゴスコンツェルトには、各地からゲルギエフを招聘したいとの申し出があったが、当人に伝えられもせずに断られていたのだ。そのなかには、カラヤンからの「ベルリンでアシスタントをしないか」というものもあったと後に分かる。

ゲルギエフの世界への扉は閉ざされていた。結局、カラヤンとゲルギエフとは師弟関係が結ばれることはなかった。

「ゴスコンツェルトが妨害して国外に出られなかった」と不満を言うソ連の音楽家は数多くいた。しかし、ゲルギエフは違う。そんな不平不満を言う音楽家に対し、「ゴスコンツェルトのせいでホロヴィッツになれないのではなく、ホロヴィッツじゃないからホロヴィッツにはなれないんだ」と怒りをこめて言う。実際、ゲルギエフは国外に出られなくても、世界一流の指揮者になれたのだ。

戦後のソ連でレニングラード音楽界の頂点に立っていたのは、エヴゲニー・ムラヴィンスキーである。戦前の一九三八年から八八年に亡くなるまで半世紀にわたり、レニングラード・フィルハーモニーの常任指揮者だった。

一方、レニングラードの反ムラヴィンスキー派の代表が、ゲルギエフの師でもあるムーシンだった。ムーシンは一九三四年にレニングラード・フィルハーモニーの副指揮者となったが、何らかの理由でミンスクに移動させられた。その間の三七年にムラヴィンスキーがショスタコーヴィチの交響曲第五番の初演を成功させ、三八年から首席指揮者になった。ムラヴィンスキーが何か画策したわけではないのだが、以後、ムーシンとムラヴィンスキーの関係は悪くなる。

ムーシンは指揮者としては大成しなかったが、レニングラード音楽院教授として多くの音楽家を育てていった。そのなかで指揮者として将来有望だったのがユーリー・テミルカーノフと、その十五歳下のゲルギエフだった。

一九七四年十月、ソ連の文化大臣で「女帝」として恐れられていたフルツェワが汚職容疑で取り調べを受けた直後に自殺した。ムラヴィンスキーはフルツェワ体制下で優遇されていたので、レニングラードでは、この機会にムラヴィンスキーを退任させ、テミルカーノフをフィルハーモニーの首席指揮者にしようという動きが出た。しかしこの一種のクーデターは成功せず、ムラヴィンスキーは死ぬまでその地位にあった。

フィルハーモニーへの扉が閉ざされたテミルカーノフは、七七年からキーロフ劇場（現・マリインスキー劇場）藝術監督となった。彼は精力的にこの劇場を改革していくが、自分に協力してくれる人材として、カラヤン・コンクールで優勝したばかりのゲルギエフに白羽の矢を立てた。こうしてゲルギエフは七八年に同劇場にデビューした。

一九八八年、ムラヴィンスキーが亡くなると、テミルカーノフがレニングラード・フィルハーモニーの音楽監督に就任した。後任のキーロフ劇場藝術監督の後任に推されたのは、もちろんゲルギエフだった。当時三十五歳である。いわば玉突き人事ではあったが、ゲルギエフはこのチャンスをしっかりとものにし、世界的巨匠への道を歩むのである。

ムーシンはライバルのムラヴィンスキーよりも長く生き、教え子たちの出世を見届けて、一九九九年、九十五歳で亡くなった。

＊ワレリー・ゲルギエフ

モスクワで一九五三年に生まれ、北オセチア共和国の首都オルジョニキゼ（現・ウラジカフカス）で育ち、同地の音楽学校を卒業後、レニングラード音楽院でイリヤ・ムーシンに師事。在学中にカラヤン指揮者コンクールで二位、全ソ連指揮者コンクールで一位。キーロフ劇場の指揮者となり、八八年に同劇場藝術監督、九六年に藝術総監督に。ロンドン交響楽団、ミュンヘン・フィルハーモニーの首席指揮者も務める。

＊参考文献

『ゲルギエフとサンクトペテルブルグの奇蹟』ジョン・アードイン著、亀山郁夫訳、音楽之友社
『ゲルギエフ　カリスマ指揮者の軌跡』安達紀子著、東洋書店
『ムラヴィンスキー　高貴なる指揮者』グレゴール・タシー著、天羽健三訳、アルファベータ

Episode 47

名コピーライター

フランス・ブリュッヘン
Frans Brüggen 1934–2014

指揮者、リコーダー奏者

ブリュッヘン指揮、18世紀オーケストラ
シューベルト：交響曲第6番、第8番《未完成》
PHILIPS / UCCP-3314
442 1172

音楽家のなかにはコピーライターになっても成功しそうな言葉の才能のある人がいる。フランス・ブリュッヘンもそのひとりで、一九七一年のインタビューでこう言った。

「レオンハルトはバッハです」

言うまでもなく、チェンバロ奏者レオンハルトが映画『アンナ・マクダレーナ・バッハの日記』でバッハに扮したことを言っているのではない。ブリュッヘンはレオンハルトを「洞察の音楽家」と評したこともある。すると、レオンハルトから、「ブリュッヘンこそ洞察の音楽家」と返される。リコーダー奏者だった頃の自分については「リコーダーのライオンのように熱烈に演奏していた」と語った。

グスタフ・レオンハルトは一九二八年にオランダのス・フラーフェラントで生まれた。その六年後の一九三四年に、ブリュッヘンがアムステルダムで、アンナー・ビルスマがハーグで生まれた。彼らの幼少期は第二次世界大戦と重なる。オランダはすぐにナチス・ドイツに降伏し、その占領下にあった。そんななかで彼らは音楽と出会い、学んでいったのである。

一九四七年、レオンハルトはバーゼル・スコラ・カントルムに入学し、チェンバロとオルガンをエドゥアルト・ミュラーに師事した。ウィーンにデビューするのは一九五〇年で、この時、一歳下のチェロ奏者、ニコラウス・アーノンクールと出会った。レオンハルトは最初アーノンクールの演奏を批判し、二人は大激論を交わしたが、やがて深い絆で結ばれるようになった。

一九五二年、レオンハルトはウィーン音楽アカデミーのチェンバロ教授となり、アーノンクールはウィーン交響楽団のチェロ奏者になった。アーノンクールは仲間たちとコンツェントゥス・ムジクスを結成し、彼の自宅で演奏を楽しんでいた。彼らが初めて公開の場で演奏会を開くのは一九五七年のことだ。

一九五四年にオランダへ戻ったレオンハルトは、アムステルダム音楽院でチェンバロを教えていた。その時、同音楽院でリコーダーを学んでいたのが、ブリュッヘンだった。

チェロ奏者のビルスマはハーグ王立音楽院を一九五七年に卒業し、オランダ室内管弦楽団に入った。この楽団は巨匠シモン・ゴールドベルクがコンサートマスターであり指揮者だった。ビルスマが入ったばかりの一九五八年頃、バッハのブランデンブルク協奏曲第四番を演奏することになった。ゴールドベルクは「この曲のフルート・パートはもともとはリコーダーのために書かれていて、最近この昔の楽器を演奏する人もいるみたいだ」と言って、若いリコーダー奏者を連れてきた。だが、リハーサルをしてみると、「これじゃ音が小さくて、使いものにならない」となり、そのリコーダー奏者は採用されなかった。その場にいたビルスマによれば、誰もが同意見だった。そのリコーダー奏者がブリュッヘンである。数年後、レオンハルトによってクワトロ・アムステルダムが結成された。そこにビルスマとブリュッヘンは参加した。

最初期の彼らはまだモダン楽器で演奏していたが、やがてレオンハルトが探求していたオリジナル楽器での演奏に、ブリュッヘンも「洞察の音楽家」としてのめりこみ、ライオンのようにリコーダーを吹いていく。

レオンハルトとアーノンクールは盟友関係にあったので、その周囲にいた人々の交流も始まった。ブリュッヘンがウィーンにデビューしたのは、一九六九年十二月の、コンツェントゥス・ムジクスの、テレマンを中心とした演奏会だった。

バロック時代の音楽を演奏しながらも、ブリュッヘンはリコーダーでの新しい音楽も求めていた。前衛音楽家のミヒャエル・フェッターやルチアーノ・ベリオとも親交があった。ベリオは一九六六年にリコーダーのための音楽《ジェスティ》を作曲している。

アーノンクールとコンツェントゥス・ムジクスは一九七〇年にモンテヴェルディを中心とした演奏会を開き、そのための女性歌手を探していた。アーノンクールが出した条件は「体のなかに悪魔がいるように何か変わったものを持っていて、偉大な芸術家」だった。そしてもちろんモンテヴェルディが歌えなければならない。そんな歌手はどこにもいそうもなかった。それを聞いたブリュッヘンは、「キャシー・バーベリアンがいいと思う」とアドバイスした。

バーベリアンは現代音楽の歌手として知られていたので、誰もモンテヴェルディと結びつけようとしなかった。バーベリアンはベリオの妻でもあった。そのため、ブリュッヘンは彼女のこともよく知っていたのだ。彼女は、アーノンクールに紹介されると「モンテヴェルディは私の神様です」と言った。ブリュッヘンがいなかったら、アーノンクールとバーベリアンによるモンテヴェルディは生まれなかったのである。

ブリュッヘンは音楽エージェントになっても成功したはずだ。

しかし、彼がリコーダーでやるべきことをやってしまった後に選択したのは、十八世紀オーケストラを結成し、指揮者になることだった。この楽団は常設ではなく、年に数カ月だけ集まり、ツアーをしながら演奏し、録音していた。つまり、彼の求めに応じて数十人が毎年、集まってくる。そんなことが三十年も続いたのは、彼が豊富な人脈と卓越したマネージメント能力を持っていたからに違いない。

＊フランス・ブリュッヘン

オランダのアムステルダムで一九三四年に生まれる。アムステルダム音楽院で器楽、アムステルダム大学では音楽学を学び、二十一歳で王立ハーグ音楽院教授に。リコーダー、フルート奏者となる。指揮者に転向し、十八世紀オーケストラを創設。二〇一四年に亡くなった。

＊参考文献

『古楽の復活　音楽の「真実の姿」を求めて』ハリー・ハスケル著、有村祐輔監訳、東京書籍
『古楽の旗手たち　オリジナル楽器演奏のめざすもの』佐々木節夫著、音楽之友社
『アーノンクールとコンツェントゥス・ムジクス　世界一風変わりなウィーン人たち』モーニカ・メルトル、ミラン・トゥルコヴィッチ著、臼井伸二・蔵原順子・石川桂子訳、アルファベータ
「ブランデンブルク協奏曲の新盤に寄せて」渡邊順生、「季刊GRC」9号

Episode
48

シェーンベルクの初演者

指揮者、作曲家

ヴィルヘルム・フルトヴェングラー

Wilhelm Furtwängler 1886–1954

フルトヴェングラー指揮、バイロイト祝祭管弦楽団
ベートーヴェン：交響曲第9番
ORFEO、キングレコード／KISS 1053

カラヤンの少年時代の師であるベルンハルト・パウムガルトナーが、ザルツブルクのモーツァルティウム音楽院の院長としてその地へ来たのは一九一七年のことだった。当時九歳のカラヤンはすぐに弟子となった。パウムガルトナーの父はピアニストで評論家、母はソプラノ歌手――この夫婦はウィーン音楽界の中心人物で、マーラーやワルターとも親しかった。そして新ウィーン楽派と呼ばれる、シェーンベルク、ベルク、ヴェーベルンたちも、その人脈のなかにあった。カラヤンは一九七〇年代半ばに集中して新ウィーン楽派の音楽に取り組み、世間を驚かせたが、彼にとって新ウィーン楽派は案外と身近だったのかもしれない。

一九三三年にナチス政権が誕生すると、ベルリンで藝術アカデミーの教授職にあったシェーンベルクはユダヤ人だったので、亡命した。当時のベルリン音楽界の中心人物はヴィルヘルム・フルトヴェングラーである。フルトヴェングラーのディスコグラフィーにはシェーンベルクの名はないが、彼のコンサート記録にはその名がある。

フルトヴェングラーが最初にシェーンベルク作品を指揮したのは、マンハイムの指揮者だった一九一九年で、曲は《浄められた夜》だった。この曲は一八九九年に弦楽六重奏曲として作られ、弦楽合奏版が作られたのは一九一七年なので、その直後となる。フルトヴェングラーは同時代の音楽を演奏しなかったというイメージが強いが、それは録音でしかフルトヴェングラーを聴かないから生じる誤解で、この指揮者は同時代の音楽にかなり熱心に取り組んでいたのだ。以後も、《ペレアスとメリザンド》や「五つの管弦楽曲」を演奏している。

一九二二年にフルトヴェングラーはベルリン・フィルハーモニーの首席指揮者となったが、二年後の二四年にシェーンベルクもベルリンへ来て、藝術アカデミーの教授になった。同じ都市にいるのだから、二人は会う機会も多くなった。フルトヴェングラーがベルリン・フィルハーモニーのための新作を依頼し、シェーンベルクが書き上げたのが「管弦楽のための変奏曲」で、一九二八年十二月二日にフルトヴェングラーの指揮で初演された。

だが、初演は成功とは言えなかった。演奏中から客の一部が口笛を吹き、あるいは野次を飛ばし、さらには鍵束をジャラジャラと鳴らすなどの妨害に出た。まともに音楽を聴く環境ではなくなった。フルトヴェングラーはそれを自分のせいだと感じ、「作曲家が望んでいたことについて、完璧に把握していたかどうか、自信がなかった」と後に語っている。シェーンベルクは再演を望んだが、それは実現しなかった。

それでも、翌一九二九年十一月にはシェーンベルクが編曲したバッハの「前奏曲とフーガ」を指揮しているので、シェーンベルクと完全に縁が切れたわけではない。

一九三三年一月三十日にヒトラー政権が樹立されると、すさまじいスピードで「改革」がなされていく。三月二十三日にシェーンベルクはベルリン藝術アカデミーを解雇された。ユダヤ人だからという以外の理由はない。命の危険も感じたので彼はフランスへ逃れた。

フルトヴェングラーは六月にパリのオペラ座で《トリスタンとイゾルデ》と《ワルキューレ》を指揮した。このパリ滞在時にシェーンベルクに会い、「私はどうしたらいいんだろう」と苦悩を打ち明けた。シェーンベルクは「君は、ドイツに留まっていい指揮をするんだ」と励ました。このひとことだけが理由ではないだろうが、フルトヴェングラーはドイツに留まった。

ナチス政権の反ユダヤ主義は音楽会のプログラムにも及び、シェーンベルクはもちろん、メンデルスゾーンやマーラーの作品ですらドイツでは演奏できなくなった。結局、フルトヴェングラーがシェーンベルク作品を指揮したのは一九二九年が最後となった。

シェーンベルクの作品のレコードを作り、「クラシック」として定着させるのは、半世紀後、同じベルリン・フィルハーモニーだ。指揮したのは、さらには録音の費用をポケットマネーで負担したのは、カラヤンである。シェーンベルクの作品は、フルトヴェングラーが初演しカラヤンがレコードとして完成させたとも言える。

カラヤンが最初にシェーンベルク作品を指揮したのは一九六二年十月十一日で、ベルリン・フィルハーモニーと縁のある「管弦楽のための変奏曲」だった。現代音楽が好きなファンからは熱狂的な支持を得たが、聴衆の多くは冷淡だった。

それでもカラヤンは六七年には《グレの歌》、七二年には《浄められた夜》、七四年には《ペリアスとメリザンド》をベルリンでのコンサートで演奏し、それと並行して、ベルク、ヴェーベルンの作品とともに、レコーディングもした。

当時はまだ新ウィーン楽派は人気があるとは言えなかったので、レコード会社は乗り気ではなかった。そこでカラヤンは自腹を切ってベルリン・フィルハーモニーを雇い、録音した。カラヤンの自主録音は四枚組（LP）「新ウィーン楽派作品集」として、ドイツ・グラモフォンから一九七四年二月に発売されると大評判となり、レコード会社の予想を裏切ってよく売れた。カラヤンは音楽家として絶賛されただけでなく、投資家として利益もあげたのだ。

シェーンベルク作品演奏史において、フルトヴェングラーとカラヤンは、意外と重要な仕事をしているのだ。

カラヤン指揮、ベルリン・フィルハーモニー
シェーンベルク：《浄められた夜》、他
Deutsche Grammophon / 2530 627

＊ヴィルヘルム・フルトヴェングラー
ベルリンで一八八六年に考古学者の子として生まれた。作曲家を目指していたが二十一歳になる直前に父が亡くなり、家計を助けるため指揮者となる。マンハイム国民劇場、フランクフルト博物館管弦楽団、ライプツィヒ・ゲヴァントハウス管弦楽団、ベルリン・フィルハーモニー、ベルリン州立歌劇場、ウィーン・フィルハーモニーなどで音楽監督・首席指揮者などを務める他、世界各地で客演した。一九五四年に亡くなる。

＊参考文献
『フルトヴェングラー　悪魔の楽匠』サム・H・白川著、藤岡啓介・斎藤静代・加藤功泰訳、アルファベータ
『回想のフルトヴェングラー』エリーザベト・フルトヴェングラー著、仙北谷晃一訳、白水社
『ヘルベルト・フォン・カラヤン』リチャード・オズボーン著、木村博江訳、白水社

Episode 49

トスカニーニから伝えられたもの

カルロ・マリア・ジュリーニ
Carlo Maria Giulini 1914–2005

指揮者

ジュリーニ指揮、スカラ座管弦楽団、ホロヴィッツ（ピアノ）
モーツァルト：ピアノ協奏曲第23番、他
Deutsche Grammophon / 423 287-1

一九一四年生まれのカルロ・マリア・ジュリーニも、二十代から三十代が世界大戦とぶつかったひとりだ。戦争について彼は「何にもまして恐ろしい非道なことであり、もう二度と見たくありません。戦争について話すのは勘弁してください」と多くを語らない。だが、自分は人を殺さなかったと、それだけは強調する。

ジュリーニは十六歳になる一九三〇年にローマのサンタ・チェチーリア音楽院に入り、最初はヴィオラと作曲を学び、一九三四年の卒業後はアウグスチオ管弦楽団（現・サンタ・チェチーリア音楽院管弦楽団）のヴィオラ奏者となった。このオーケストラには、フルトヴェングラー、ワルター、クレンペラー、クライバー(父)ら当時の大指揮者たちが客演していた。そのなかでジュリーニが心酔したのはワルターだった。これら巨匠たちの仕事を目の当たりにしているうちに、ジュリーニは指揮者になろうと決意し、一九三八年に音楽院に再入学した。

音楽院指揮科の卒業試験は難関だったがパスし、演奏会を指揮するチャンスが与えられた。しかし、ムッソリーニのファシスト党政権下での演奏会だったので、ジュリーニはそれを拒み、デビューの機会を逸した。

ジュリーニは一九四〇年に招集され、クロアチアへ送られた。平和主義者だった彼にとっては、辛い日々だった。どうにか人を殺さず、そして殺されずにやり過ごしていると、四三年七月にムッソリーニが失脚し、九月にイタリアが降伏した。ジュリーニには選択肢が二つあった。ローマへ行ってドイツ軍に合流して連合国と闘うか、逃げて潜伏するか。彼は後者を選択した。九カ月にわたる潜伏生活となった。

一九四四年、ローマが連合国によって解放された。それを祝す演奏会が開かれることになり、音楽家が集められた。どうにかオーケストラは揃ったが、指揮者がいない。イタリアの著名な音楽家は国外に逃れていたのだ。オーケストラの誰かがジュリーニを思い出した。ファシスト党から指名手配されていたジュリーニは、解放記念演奏会を指揮するのに適任だった。

こうしてジュリーニは、記念すべき解放後最初の演奏会を指揮する栄誉を担った。これは同時に、彼の指揮者としてのデビュー・コンサートでもあった。

ジュリーニがアウグスチオ管弦楽団でヴィオラ奏者として働いていた時に接した大指揮者たちのリストのなかに、アルトゥーロ・トスカニーニの名はない。このイタリアの大巨匠は一九二九年五月をもってスカラ座の監督を退任し、ニューヨークに拠点を移していた。ムッソリーニ政権下では仕事をしたくなかったのだ。

戦後のトスカニーニは、ニューヨークでのシーズンが終わると、イタリアのミラノで過ごし、シーズンが始まるとまたニューヨークへ行くという生活を送っていた。ジュリーニがその気になれば、トスカニーニがイタリアにいる間に訪ねることは可能だった。しかし、ジュリーニにはそんな畏れ多いことはできなかった。

一九五〇年からジュリーニはミラノのイタリア放送管弦楽団の音楽監督となり、ある日、ハイドンの《月の世界》という、忘れられた作品を演奏・放送した。

トスカニーニは、たまたまこの《月の世界》の放送を聴いていた。放送の数日後、ジュリーニのもとにトスカニーニの娘が来て、「父が会いたがっている」と伝えた。感激したジュリーニは巨匠の家へ行った。トスカニーニは「私はこの作品は知らないが、君の演奏はテンポが正しいと感じられた」と言った。この出会いがきっかけとなり、トスカニーニとジュリーニの師弟関係とも年齢の離れた友情とも言える関係が始まった。

ジュリーニは一九五二年にスカラ座にデビューした。スカラ座の音楽監督は、一九二九年にトスカニーニが退任した後は、ずっとヴィクトール・デ・サバータだった。しかし、五三年八月にサバータは心臓発作に見まわれ、命はとりとめたものの指揮者を引退した。スカラ座が後任に選んだのは、三十九歳のジュリーニだった。スカラ座監督というポストにおいて、ジュリーニはトスカニーニの後継者のひとりとなった。

トスカニーニが亡くなる一九五七年の前年、ジュリーニはこのポストを辞任した。以後、ジュリーニは世界各国で活躍した。


一九七八年、トスカニーニの娘ワンダの夫であるウラディーミル・ホロヴィッツはアメリカへデビューして五十周年を迎え、その記念演奏会でラフマニノフの協奏曲第三番を演奏しようと考えた。指揮者は誰がいいか――関係者が何人もの世界的巨匠の名を挙げたが、そのたびにホロヴィッツは辛辣な批評をして断った。そのなかで、彼が認めたのがカラヤンとジュリーニだった。しかし、二人ともラフマニノフの三番はやらないだろうと、候補リストから消え、結局、この時はオーマンディが指揮をした。

その十一年後、ホロヴィッツが初めてモーツァルトの協奏曲を録音することになった時に指揮者に選ばれたのは、ジュリーニだった。トスカニーニの娘婿と弟子の唯一の共演である。これがホロヴィッツが演奏した最後の協奏曲だった。

＊カルロ・マリア・ジュリーニ

イタリアのバルレッタで一九一四年に生まれ、北イタリアのドイツ語圏ボルツァーノで育つ。アウグスチオ（サンタ・チェチーリア音楽院）で学び、ヴィオラ奏者となった後、指揮者へ。ローマとミラノのイタリア放送交響楽団、ミラノ・スカラ座、シカゴ交響楽団、ウィーン交響楽団、ロサンゼルス・フィルハーモニックで音楽監督や首席指揮者を務めた。九八年に引退し、二〇〇五年に亡くなった。イタリア人だがドイツ音楽を得意とした。

＊参考文献

『音楽家が語る51の物語』レンツォ・アッレーグリ著、小瀬村幸子訳、フリースペース
『マエストロ』第Ⅱ巻　ヘレナ・マテオプーロス著、石原俊訳、アルファベータ
『ホロヴィッツ』グレン・プラスキン著、奥田恵二・奥田宏子訳、音楽之友社

Episode
50

三人の師

小澤征爾
Seiji Ozawa 1935–
指揮者

小澤征爾指揮、サイトウ・キネン・オーケストラ
ベルリオーズ：《幻想交響曲》、他
DECCA / UCCD-1214

小澤征爾はミュンシュ、カラヤン、バーンスタインの三人を「師」とする。ミュンシュとカラヤン、ミュンシュとバーンスタイン、カラヤンとバーンスタインは、それぞれ親しいとは言えない関係だ。それなのに――いや、だからこそ――小澤はこの三人の弟子なのだ。

一九四七年、ボストン交響楽団の常任指揮者（音楽監督）だったセルゲイ・クーセヴィツキーが七十歳を過ぎると、後継者問題が浮上した。クーセヴィツキーが望んだのは、弟子のバーンスタインだったが、一九四八年四月、ボストン交響楽団は、次の常任指揮者はフランスのミュ

ンシュに決まったと発表した。バーンスタインは挫折した。

小澤がヨーロッパへ向かい神戸港を発ったのは一九五九年二月一日、二十三歳の時だ。四月に目的地のパリへ着くが、音楽院に入ることが決まっていたわけでもなければ、仕事もない。何の計画もない、日本脱出だった。この年の九月に小澤はブザンソン音楽祭での指揮者コンクールに出て優勝するが、日本を出た時はそんなコンクールがあることも知らなかった。

コンクール後のパーティで、小澤は審査員でもあったミュンシュに「弟子にしてください」と頼んだ。パリとブザンソンでミュンシュの演奏を聴いて、小澤は感動していたのだ。ミュンシュは「弟子はとらない。指揮は教えられるものではない」と断った。しかし「どうしてもと言うなら、タングルウッドへ来れば、教えてもいい」と言ってくれた。ボストン近郊のタングルウッドでは毎年夏に教育音楽祭が開かれ、ボストン交響楽団の監督であるミュンシュはそこで教えていた。だが、行けば誰でもミュンシュのレッスンを受けられるのではない。それには試験があり、三名しか受けられない。

翌一九六〇年五月、小澤はベルリンへ行き、カラヤンの弟子を選ぶコンテストに出て優勝した。そのうえで夏になると小澤はタングルウッドへ向かった。

小澤は三十人近い受験者のなかで一位を取り、ミュンシュのレッスンと、ボストン交響楽団を実際に指揮する機会が与えられた。音楽祭が終わると、最優秀賞であるクーセヴィツキー賞を受賞し、その名はアメリカの音楽業界にも知られるようになった。

タングルウッドからヨーロッパへ戻った小澤は、九月からベルリンでカラヤンのレッスンを受けていた。そこへ、バーンスタインとニューヨーク・フィルハーモニックがやって来た。

バーンスタインはボストン交響楽団のポストは得られなかったが、ニューヨーク・フィルハーモニックの音楽監督となっていたのだ。小澤はバーンスタインとパーティで会うと、街へ連れ出され、飲み明かした。小澤には知らされていなかったが、この時点で彼をニューヨーク・フィルハーモニックの副指揮者にすることが内定していた。このオーケストラは翌六一年四月下旬に日本公演を予定しており、話題作りとして日本人を起用してみようと考えたらしい。バーンスタインが小澤と飲み明かしたのは、彼なりの面接だったのであろう。

六一年二月、小澤は日独修交百年記念演奏会でベルリン・フィルハーモニーを初めて指揮し、四月にニューヨークでの仕事が始まった。そして四月末にニューヨーク・フィルハーモニック日本公演の指揮者のひとりとなって、凱旋帰国した。

もしクーセヴィツキーの後任がバーンスタインだったら、ミュンシュはタングルウッドで教えなかっただろうから、小澤の歩む道はだいぶ違ったものになっていただろう。

いや、そもそもバーンスタインが音楽家になっていなかったら……

一九三七年夏、その青年はハーヴァード大学二年生だった。彼は夏休みのアルバイトとして、アメリカ・ニューヨーク州北部のサマー・キャンプ地で、子どもたちに水泳と音楽を教える指導員のアルバイトをしていた。青年はキャンプの指導者から、七月十一日の日曜日の昼食会でピアノを演奏してくれと頼まれた。どうせおとなしく聴いてくれないだろうと思い、最初は気が進まなかった。しかし、食堂へ行く直前にラジオで聞いたニュースが、彼の気持ちを変えた。

食堂へ行くと、予想通り、子どもたちはガヤガヤと騒いでいた。青年はピアノの鍵盤をバーンと重苦しく叩いた。食堂がシーンとなったところで、青年は言った。

「さっき、アメリカで最も偉大なユダヤ人の作曲家、ジョージ・ガーシュウィンが亡くなりました。これからガーシュウィンの曲を弾きますが、終わっても拍手はしないでください」

彼はガーシュウィンのプレリュード第二番を弾いた。子どもたちは静かにその音楽を聴いた。

五十年近く後に、彼はこの日のことをこう語る。

「重苦しい静けさだった。その時初めて、音楽の力を感じた。演奏を終えた後、その場を去りながら、自分がガーシュウィンになったような気がした。その曲を自分が作曲したような気になった」

音楽の力を感じた青年は、やがてガーシュウィンの次に「アメリカで最も偉大なユダヤ人の音楽家」となり、多くの若者に直接・間接に影響を与えた。バーンスタインである。

レナード・バーンスタインの若き日のエピソードで、世界のいたるところで――時には時間を超えて――交差した音楽家たちの物語を終える。

バーンスタイン指揮、ロサンゼルス・フィルハーモニック
ガーシュウィン：ラプソディー・イン・ブルー、他
Deutsche Grammophon / FOOG 27039

＊小澤征爾

59ページ参照

＊参考文献

『ボクの音楽武者修行』小澤征爾、新潮文庫
『音楽の旅人　ある日本人指揮者の軌跡』山田治生著、アルファベータ
『レナード・バーンスタイン』ポール・マイヤーズ著、石原俊訳、アルファベータ
『レナード・バーンスタイン』ジョーン・パイザー著、鈴木主税訳、文藝春秋

あとがき

師弟、友情、ライバル、恋愛、私淑と、さまざまな音楽家同士の交流を描き終え、通して読んでみると、全体を貫くテーマは「天才は天才を識る」だったことに気づいた。これは最初から決めていたわけではなく、結果としてそうなったものだ。

テーマを決めずに本を書くなんていい加減だ、とお叱りを受けそうなので、「はじめに」で簡単に触れた本書の成り立ちを記す。

本書はCD付きマガジン「クラシックプレミアム」（小学館）に連載したエッセイをもとにしている。同誌は全五〇巻で、二〇一四年一月から一五年十一月まで隔週で刊行された。原則として一号に一人の作曲家で、その代表曲が収録されたCDが付く。パンフレットには「クラシック音楽の金字塔とも言える決定版選集」とあり、全てを揃えると、グレゴリオ聖歌・バロック音楽から新ウィーン楽派あるいはショスタコーヴィチあたりまでの名曲が、世界的演奏家たちの名演で揃う（販売は終わっているが、専用サイト http://www.shogakukan.co.jp/pr/classicpremium/ はネット上に残っており、全巻の内容は、「クラシックプレミアム」で検索すれば出て来る)。

同誌には収録された曲や作曲家、あるいは演奏についての解説や、作家や音楽評論家のエッセイなどが掲載され、私は演奏家について書くことになった。タイトルは「演奏家の肖像」と決まっていたのだが、副題として「音楽の交差点」と入れてもらい、音楽家同士がぶつかったりすれ違ったりする交差点を描くことにした。

「はじめに」に記したように、一話ごとの主人公はCDに収録されている演奏家から選んだので、私だけで選ぶよりも幅広く客観性のある人選になったと思う。これまでの私の本で毎度おなじみの人もいれば、初めて書く人もいた。書き手としては、どちらも面白い仕事だった。本にするにあたってはエピソードごとのタイトルを改め、さらにいくつかのエピソードでは内容に合わせて主人公を入れ替えた。文章も全面的に手を入れてある。

「クラシックプレミアム」の刊行順には、作曲家の生年順とかアルファベット順などの法則性はなく、連載ではあるが、一話完結のものだ。こうして出来上がった五十のエピソードを一冊の本に編むにあたり、どういう順番にするか悩んだが、結局、刊行順、つまり書いた順にした。読み通してみると、「偶然の産物」という言葉があるが、この順番以外はありえない流れになっていたのだ。

話があちこちに飛ぶように感じられた方もいるかと思うが、それが狙いでもある。あるエピソードでは主人公だった人が、別のエピソードでは脇役、あるいは通行人程度の役で登場する。これは現実の世界にも言えることだ。誰もが「その人の人生のドラマ」においては主人公だが、別の人の人生では脇役だったり敵役だったりする。そういう出逢いも全て偶然だ。そんな、世の中の縮図を示してみたかった。そのためにも偶然が決めた順がいいと思った。

通して読んでいただければ、ジグソーパズルのピースがすべて収まった時のように、一枚の絵がおぼろげに浮かび上がる仕組みにもなっている。その絵が「カラヤンのシルエット」であると見抜いて、そう言ってきた読者の方がいたのだが、まさにそれは連載開始時に密かに決めたものだった。当初は全ての話にカラヤンを絡ませられないかと考えたのだが、「帝王」にしてもさすがにそれは無理だった。それでも、二十世紀後半のクラシック音楽界はカラヤン帝政下にあったこととの再確認の作業になった。

帝王カラヤンが没して三十年近くが過ぎ、音楽の世界は中心軸もなければ、頂点も底辺もないフラットな世界になった。そこに生きる人々にとっては、抑圧や確執や陰謀・謀略がないのは生きやすいが、そういう世界は、物語としてはあまり面白くない。さらには中心や頂点がないので、いまは「とりあえず、これだけを聴いておけばいい」という曲も演奏もなくなり、混沌としている。

つまり、いまだにこの本で紹介した演奏家たちが、「これだけを聴いておけばいい」人たちなのだ。もちろん、いま活躍している演奏家がダメだとか聴かなくてもいいと言うのではない。かつては「これだけを聴いておけばいい」「誰もが聴いている名盤」として、六〇年代はこれ、七〇年代ならばこれと時代ごとに更新されていたが、二〇一〇年代とは、そういうものが更新されなくなった時代なのだ。そのため、カラヤン時代の名盤はいつまでも「これだけを聴いておけばいい」ものとして存在し続ける。

連載時には、日本アート・センターの松村哲男さんが担当してくださり、毎回、原稿を送るたびに返信で届く感想が楽しみで書いていた。版元の小学館では河内真人さんが担当で、この出会いから『購書術』(小学館新書)という本も生まれた。本にするにあたっては、幻冬舎の相馬裕子さんにお世話になった。

私にとってちょうど五十冊目となる本が、「50」の文字が書名にある本になったのも、嬉しい偶然である。これまでの本をお読みいただいたすべての方に感謝したい。

人名索引

登場する演奏家のみ抽出した。モーツァルト、ベートーヴェンなど物語の時点で亡くなっている作曲家や、ヒトラー、スターリンなどの非音楽家は省いた。数字はページではなく、Episode番号。太くした数字はその人物が主人公のEpisode。

本書はＣＤ付きマガジン「クラシックプレミアム」（小学館、二〇一四年一月〜二〇一五年十一月）
連載の「演奏家の肖像　音楽の交差点」に加筆したものです。

著者略歴

中川右介
なかがわゆうすけ

一九六〇年東京都生まれ。早稲田大学第二文学部卒業。
二〇一四年まで出版社アルファベータ代表取締役編集長として、
「クラシックジャーナル」誌や音楽家の評伝などを編集・発行。
クラシック音楽、歌舞伎、映画等の評論・評伝に定評がある。
『世界の10大オーケストラ』
『カラヤンとフルトヴェングラー』『第九』(すべて幻冬舎新書)、
『角川映画1976―1986[増補版]』(角川文庫)、
『怖いクラシック』(NHK出版新書)、
『戦争交響楽』『SMAPと平成』(ともに朝日新書)、
『歌舞伎　家と血と藝』(講談社現代新書)他、著書多数。

幻冬舎新書 450

現代の名演奏家50
クラシック音楽の天才・奇才・異才

二〇一七年一月三十日　第一刷発行

著者　中川右介

発行人　見城　徹
編集人　志儀保博

発行所　株式会社　幻冬舎
〒一五一-〇〇五一　東京都渋谷区千駄ヶ谷四-九-七
電話　〇三-五四一一-六二一一(編集)
〇三-五四一一-六二二二(営業)
振替　〇〇一二〇-八-七六七六四三

ブックデザイン　鈴木成一デザイン室
印刷・製本所　中央精版印刷株式会社

Printed in Japan　ISBN978-4-344-98451-6 C0295
な-1-12

幻冬舎ホームページアドレス http://www.gentosha.co.jp/
＊この本に関するご意見・ご感想をメールでお寄せいただく場合は、comment@gentosha.co.jp まで。

幻冬舎新書

カラヤンとフルトヴェングラー
中川右介

クラシック界の頂点、ベルリン・フィル首席指揮者の座に君臨するフルトヴェングラー。彼の前に奇才の指揮者カラヤンが現れたとき、熾烈な権力闘争が始まった！　男たちの野望、嫉妬が蠢く衝撃の史実。

松田聖子と中森明菜
中川右介

相反する思想と戦略をもち、80年代消費社会で圧倒的に支持された二人の歌姫。背後で蠢くレコード会社や芸能プロ、作詞家、作曲家らの野望の間をすり抜けて、彼女たちはいかに生き延びたのか？

十一代目團十郎と六代目歌右衛門
悲劇の「神」と孤高の「女帝」
中川右介

大衆の絶大な人気を得た十一代目團十郎と、妖艶な美と天性の政治力で権威を手にした六代目歌右衛門。名優二人が歌舞伎界トップの座をかけ闘った知られざる権力闘争の物語。最大のタブーの封印がいま解かれる。

世界の10大オーケストラ
中川右介

近代の産物オーケストラはいかに戦争や革命の影響を受けたか？　「カラヤン」をキーワードに10の楽団を選び、その歴史を指揮者、経営者他の視点で綴った、誰もが知る楽団の知られざる物語。

幻冬舎新書

中川右介
坂東玉三郎
歌舞伎座立女形への道

一九七〇年代、女帝・歌右衛門が老いてなお君臨する歌舞伎座に、突如現れた奇跡・坂東玉三郎。彼が三島由紀夫らに見初められた時から、知られざる葛藤と相克の歴史が始まった——。初の本格的な玉三郎伝。

中川右介
二十世紀の10大ピアニスト
ラフマニノフ／コルトー／シュナーベル／バックハウス／ルービンシュタイン／アラウ／ホロヴィッツ／ショスタコーヴィチ／リヒテル／グールド

現代にない〈巨匠イズム〉をもつ大ピアニストたちは、二つの大戦とナチ政権、国境に翻弄されながら、その才能を同時多発的に開花させていた。10人の巨匠の出会い、からみ合う数奇な運命。

中川右介
第九
ベートーヴェン最大の交響曲の神話

ヒトラーの誕生祝賀、ベルリンの壁崩壊記念など、欧米では歴史的意義の深い日に演奏されてきた「第九」。祝祭の意も、鎮魂の意も持つこの異質で巨大な作品が「人類の遺産」となった謎を追う。

中川右介
月9（げっく）
101のラブストーリー

男女の華やかな恋愛物語を徹底化させたトレンディドラマで日本を席巻した「月9」。『東ラブ』『ロンバケ』『101回目のプロポーズ』……絶頂期の39作品を中心に、連ドラの頂点に至る軌跡をたどる。